JN436759

지금까지
살아온 모습
그 하나만으로도

양창삼 시집(詩集) 15

지금까지 살아온 모습 그 하나만으로도

(양창삼시집 15)

지금까지 살아온 모습 그 하나만으로도

2024년 4월 10일 초 판 1쇄 인쇄
2024년 4월 15일 초 판 1쇄 발행

지은이 • 양 창 삼
펴낸이 • 조 경 혜

도서출판 그리심
07030 서울시 동작구 사당로2길 72 인정 인정 B동 b-01
등록번호 • 제 7-258호(1998. 4. 23)
출 판 사 • 전화 523-7589 팩스 523-7590
홈페이지 • http://grisim.biz ; • http://grisim.net
전자우편 • grisimcho@hanmail.net

ISBN 978-89-5799- - (03810)

머리말

15번째 시집을 내놓는다. 어렸을 때부터 시와 더불어 살았으니 평생을 함께 한 셈이다. 그것은 내가 시인이기 때문이 아니다. 시가 나의 친구가 되어주었기 때문이다. 내가 양지바른 곳에서 하늘을 바라보았을 때 느낀 포근함도, 교회의 빈자리에 앉아 조용히 머리를 숙였을 때 느낀 겸손과 거룩함도 시의 재료가 되었다. 자연에서 경이로움을 느낄 때마다 시는 춤을 추었으며, 모든 관계 속에서 아름다운 눈물을 볼 때마다 시는 그 감격을 시로 표현하게 만들었다. 시는 나에게 말하기를 주저하지 않았고, 노래하기를 반복했다. 그래서 나는 그를 감히 친구라 부른다.

나는 학창시절 마로니에 향기가 그윽한 교정에서 지냈고, 정한모 시인의 강의를 들으며 시를 깊게 만났다. 내가 시집을 내었을 때 시인 박두진 교수님은 기꺼이 발문을 해주셨다. 시로 집을 짓고 시와 더불어 사는 나를 보며 기쁘게 생각했기 때문이다. 젊은 내가 박 교수님 댁을 찾아갈 때마다 상을 마주하며 대화에 응해 주신 일, 교수님이 부러 우리 학교를 찾아와 풋내나는 학생들의 시 발표를 듣고 평가해 주신 일 등은 지금도 새롭다. 이건청, 윤석산 시인의 배려로 시인협회의 여러 시인을 만나는 호사도 누렸다. 만남은 늘 새롭다.
그 무엇보다 시는 나를 주님께 이끌어주었다. 나는 시를 통해 주님을 만나기도 하고, 시를 통해 주님을 노래하기도 했다. 그가 없었다면 정말 마른 나무와 같았을 것이다. 시는 내 영혼의 깊은 곳까지 찾아와 나를 생명의 물가로 인도할 만큼 나의 갈급함을 알고 있었다. 나는 오늘도 그 강가에서 생명의 물을 마시며 기뻐하고 있다. 그래서 내 영혼의 동반자인 시를 버릴 수 없다.

이번 시집의 제목은 '지금까지 살아온 모습 그 하나만으로도'이다. 사람들은 서로 비교하고 평가하지만 주님은 언제나 우리를 귀하게 보신다. 그 모습 그대로 보시며, 그 값을 매길 수 없을 정도로 빛나고 아름답게 보신다. 왜 그럴까? 우리를 지으신 이기 때문이다. 그분은 오늘도 우리 모두를 위해 잔치를 베풀고, 기뻐하신다. 별들은 눈을 맞추고 합창을 한다. 얼마나 놀라운 일인가. 그러니 늘 감사하며 거룩하게 살 일이다.
앞으로 얼마나 더 많이, 더 길게 시를 쓸지는 아무도 모른다. 오직 주님만 아신다. 확실한 것은 시는 우리를 떠나지 않을 것이고, 우리는 그와 함께 삶을 노래할 것이다. 삶이 귀한 만큼 우리는 시와 더불어 그 삶을 가치 있게 만들 것이다. 우리는 아무 것도 할 수 없다. 하지만 우리 주님이 함께 하시면 가능하다. 우리는 그것을 믿는다.

밖은 요란하고, 미래는 어둡게 느껴진다. 거짓이 판칠 때마다 희망이 없어 보인다. 하지만 우리 내면이 부요하고, 영적으로 거듭나면 생각이 달라질 것이다. 보이는 것이 모두가 아니기 때문이다. 그것을 바탕으로 우리 주변부터 밝게 만들어야 한다. 그것은 우리 모두의 몫이다. 시는 그 일을 위해 우리와 함께 하고, 우리를 도울 것이다. 시는 바로 당신의 친구다. 그 사실을 잊지 말자. 시를 사랑하는 모든 분들에게 하나님의 위로와 평강이 임하기를 기도한다.

양창삼

차 례

21. 하늘이 자비를 베푼 게야
22. 시가 금빛으로 태어난다
23. 그 때를 기다리며 너를 생각한다
24. 고마운 표시는 내가 해야 하지 않겠느냐
25. 암, 외롭게 해서는 안 되지
26. 이젠 옛 고향을 부수고 새롭게
27. 그런 곳은 처음부터 없었어
28. 나무들이 숲에 모여 사는 것은
29. 이 밤에
30. 그러다 숨 막히면 어떡하지

31. 이 세상에 가치 없는 생명은 없습니다
32. 진정 사랑한다면 지금 말하지 마세요
33. 종남산 가을은 진경의 몸체가 되어
34. 절망하지 않도록 늘 깨우고 격려했기에
35. 우리는 늘 당신을 기다립니다
36. 그와 함께 할 때 우리는 더 강해지고
37. 그냥 어제 왔던 친구처럼 눈짓하며
38. 기도가 거침없이 쏟아진다
39. 오늘 힘들다고 내일이 없는 것 아니다
40. 세상을 보니 마음이 오락가락 하겠지

차 례

차 례

차 례

지금까지
살아온 모습
그 하나만으로도

1. 슬픈 가을이 외롭게 떨고 있다

나이가 들면 계절도 빨리 바뀌나보다.
가을인가 했는데 겨울이 바짝 따라붙었다.
너무 가까우면 시샘할 것이니 조심해라.
나뭇잎은 놀라 물감을 풀며 옷을 바꾼다.
오늘은 어이 노란 칠인가 했는데
빨간 물감이 곁에서 눈물을 흘리고 있다.
애야, 무슨 일인지 모르지만 그치면 안 되겠니.
동네 어르신은 다독이느라 바쁘다.
그 사이 산은 온통 색색으로 물들고
바위만 무표정하게 서 있다.
그러다 비정하다 소리 들을라.
그렇게 우리 마을은 가을에 점령당하고 말았다.
젊어서야 보이는 것으로 만족했지만
그것이 인생3막인 것을 안 후에는
인사치레 환영사는 접기로 했다.
갑작스런 냉대에
슬픈 가을이 나무에 매달려 외롭게 떨고 있다.
겨울은 숨어 지켜보고 있다. 꼬리를 감추고

2. 지금까지 살아온 모습 그 하나만으로도

우린 당신에게 선 하디 선한 언어를 담아 감사한 마음을 전하고 다소 긴장한 모습으로 다가가 사랑의 띠도 달아 주고 싶습니다.

왜 그러냐고 묻겠지만 답은 하나입니다. 당신은 그럴만한 자격이 충분하니까요. 지금까지 살아온 모습 그 하나만으로도 그 어떤 값을 매길 수 없을 정도로 당신의 삶은 빛나고 아름답습니다.

하늘에 주문해 가장 포근한 시간을 안겨주며 당신이 아니면 누구일 수 있나 외칠 것입니다. 무엇이 우리의 행동을 막을 수 있겠습니까? 천사도 날개를 접은 채 우리를 돕고 바람도 그리하겠다고 약속했습니다.

우리의 잔치는 시작되었습니다. 별들은 눈을 맞추며 합창을 하겠지요. 이 대자연의 노래를 신호로 당신의 입장은 시작될 것입니다.

모두가 생각지 않았던 시간입니다. 그러나 마땅히 있어야 할 기록한 시간입니다. 어서 오십시오. 우리 모두는 당신을 기뻐할 것입니다.

3. 우연의 물음에

옷을 치렁치렁 걸친 우연이 만나자 마자
정색하며 묻는다. "어디로 가시는 건가요?"
도사인가? 인생의 길을 묻다니.
뜬금없다 싶어 주저주저 하는데
그 마음을 언제 읽었는지 금방 지나친다.
다시 만날 것도 아니니 마음 쓸 일 없다 싶은데
또 불쑥 나타나 무거운 질문을 던진다.
그걸 알아 무엇에 쓰려는지 궁금하다.
우연이 결코 아님을 뒤늦게 간파한 나는
눈을 감고 헤아려본다.
생각해서 묻는 것이라면
나를 돌아보게 될 것 아니겠는가.
생각지 않은 만남이라도 그 물음이
잠자는 나를 깨우게도 할 것이니
매섭게 굴지 말고 감사하면 될 일이다.
우연아, 참 고맙다.
길 살펴 가거라. 넘어지지 말고.

4. 어떻게 그렇게 말할 수 있담

악심 동네엔 유명인사들이 꽤 있어.
절대로 지혜를 밟지 말고
배움을 즐겨하자 해놓고
엉뚱한 짓으로 놀라게 하는 자.
모두모두 존중하며 살자 약속해놓고
고개 비뚤어지게 꼭 위만 쳐다보는 자.
남을 좀처럼 사랑할 줄 모르면서
사랑만 강요하는 자.
능력이 없으면 자리를 탐하지 말자
고함치면서 끌어내리는데 익숙한 자.
화려한 말로 속이면서도
절대로 거짓말을 모른다는 자.
결국 동네는 더러워졌다.
착한 동네 전국 순위도 포기한지 오래다.
그런데 한 번 빛을 본 일이 있었다.
전국거짓말대회가 열린 날이었지, 아마.
막 대회를 시작하려는 판에
대장 악심이 발을 구르고 이빨을 내밀며
이 무슨 해괴한 대회냐

소리 질러대는 통에 모두 숨이 멎을 뻔 했지.
그것이 그들의 주특긴데.
그 뒤로 정직은 잠을 이룰 수 없었지.
어떻게 그렇게 말할 수 있담.

5. 의는 애초부터 눈에 보이지 않는데

여우네 집안이 패를 갈라 싸우고 있다.
넋 놓고 싸우다 보니 모두 제정신이 아니다.
몸의 털도 무섭게 섰다.
바람 결 사이, 사이로 외침이 들린다.
"우린 정의의 기를 세우며 성문에 섰다.
상대는 부정의 대상이며, 악이다.
상대를 예우하는 법은 없다."
소통을 거부한 채 냉소로 일관한다.
저쪽도 예외가 아니다.
서로 성문을 들고나는 다른 동물들에게
강요를 한다.
세를 불려 상대를 제압할 요량이다.
이런 판국에 가볍게 노는 동물도 있다.
쯧쯧, 지금이 어떤 세상이라고.
싸움의 본질은 먹이에 있음을 누가 모를까.
의가 불의에 제압되어서는 안 되지.
의는 애초부터 눈에 보이지 않는데
의의 싸움인척 하는 세상.
그 지긋지긋한 싸움, 언제 끝날까.

6. 그 모두 새로운 시작을 준비하는

굳이 내가 묻지 않더라도
삶은 언제나 신선하게 시작한다.
그것이 하늘이 준 아름다운 선물인 것을
늦은 나이에 알았다. 그래도 감사하다.
남은 날들을 새롭게 살면
그저 고맙고 고마울 뿐이다.
어제는 갓 나온 시집을 시집보냈다.
혼수품으로 사랑과 존경을 담았고
가마를 태워 정중하게 보냈다.

시인의 집에 가면 다른 시집들과 어울릴 것이고
도서관으로 가면 사람들을 만날 것이다.
그래야 너도 살고, 나도 살지 않겠느냐.
때로는 하루가 피곤하기도 하지.
잠을 잤는데도, 또 잠이 몰려온다.
왜 그럴까 싶지만 대답도 듣기 전에
몸이 쉬고 싶다는 신호를 자꾸 보낸다.
쉴 때는 쉬어야지.
그래야 너도 살지 않겠느냐.

그래야 내일이 더 건강하지 않겠느냐.
그 모두 새로운 시작을 준비하는
삶의 아름다운 날개 짓인 것을.

7. 나는 지금 그 곁으로 가고 있다

가끔 말을 하고 싶어도 지금은 아니라고 다독이는 친구가 있어 입을 다물고 있다. 때로는 답답하기는 해도 그것이 좋은 길로 안내할 것 같은 기대에 묵묵히 내 리비도를 내려놓기로 했다.

삶이 쉽지 않음을 조금씩 배우기도 하지만 그 어떤 걸음으로도 따라 잡을 수 없다면 쉬엄쉬엄 가야 숨이 차지 않을 것이다. 중도에 포기한 사람들이 내뿜는 후회가 아직도 식지 않았으니 내사 그 길로는 가지 않을 것이다.
달이 바뀌면서 낙엽은 더 지고 있다. 거리는 온통 그들의 차지가 되었다. 사람들은 그들만의 축제를 이해하지 못하고 쓰레기 취급을 하려든다.

비가 내렸으니 기온은 더 내려갈 것이다. 내려가다 길이 막히면 다시 돌아오겠지. 그래도 끝까지 잎 하나 물고 손 흔드는 나무를 잊지 못하겠다.

나는 지금 그 곁으로 가고 있다. 나도 모르게.

8. 지금 난 이별 연습을 하고 있는 게야

가을이 떠날 준비를 한다.
숲은 이미 요동치고 있다.
잎은 화가 나서 입이 바싹바싹 타든다.
여기저기서 매 마른 음성이 터져 나온다.
벌거벗은 나무들은 말이 없다.
이 가을의 이별 파티를 누가 마련했을까.
얼마 전만 해도 유혹의 손짓을 하던 몸인데
이젠 수척해진 몸매가 동정을 부르고 있다.
누가 먼저 그의 손을 잡고 춤을 출까.
마지막이 될지 모르는 데
흐르는 눈물은 어떻게 주체할까 싶다.
이미 바닥에 떨어진 낙엽은 비에 젖어 울고 있다.
한쪽엔 여름을 힘 있게 받들던 너른 잎들이 구겨져 있다.
날개를 잃은 다음이야 네 몫은 없다.
이제 가을을 떠나보내면 또 다른 계절이 오겠지.
훗날 그것도 떠나보내야 하니 영원한 것은 없다.
지금 난 이별 연습을 하고 있는 게야.
그렇게 이별이 쌓이면 내 차례가 오겠지.
그 때 나는 무슨 생각을 하게 될까.

조용히 '그래, 잘 참아왔어.' 라 말할까
하늘을 향해 다음 역이 무엇이냐 물을까
어젯밤 천둥소리에 비까지 내려 다들 숨죽이고 있다.
아침엔 해가 뜰 것 같지 않았는데
얼굴을 보이며 웃는다.
그 밝은 웃음에 대지도 마음을 연다.
그 사이 가을은 여기저기에 흔적을 남기며
이별 준비에 바쁘다.
나야 그동안 함께 한 정이 있으니
가까이 불러 얼굴 한 번 보자 할 것이다.
가을아, 가는 날 가더라도 실컷 웃자.

9. 주님, 우리 모두에게 당신이 필요합니다

태어난 지 얼마 안 된 샬롬이 힘겨운 싸움을 하고 있다. 간이 작동하지 않아 죽음 직전에 놓였다. 바다 건너로 오가는 소식이 긴박하다. 홍 할아버지 마음은 검게 타들고 엄마는 하루에도 여러 번 희망과 절망을 오간다. 주님, 어린 생명입니다. 살려주세요.*

두 아들의 엄마 준이가 항암치료를 앞두고 있다. 여섯 번 치료 후 절세수술을 한다는데 갑자스런 소식에 식구들 마음이 천근이다. 어찌 아니 그럴까. 주님, 당신의 딸을 부탁합니다.

연길에서도 기도 요청이 뜬다. 감기 증세가 심하더니 폐렴이 의심 된다 한다. 일주일정도 입원이 필요하다 한다. 구십을 바라보는 나이니 내일을 장담 할 수 없다. 주님, 그를 꼭 붙잡아 주세요.

오늘 하루가 길다. 기도가 길다. 주님, 우리 모두에게 당신이 필요합니다.

*(살롬은 다음날 하늘나라로 갔다. 그것도 엄마 생일에.)

10. 쉐프샤우엔의 파란 집

쉐프샤우엔, 모로코에 있는 스페인 땅입니다.
세상에 그런 곳이 있답디까.
헌데 그곳에는 집들이 파랗게 화장을 했습니다.
색이 골목을 점령하고 있을 때
이곳 사람들은 왜 그런지 몰랐습니다.
일상에 눌려 눈여겨보지도 않았지요.

대문이 파래지더니
집도 온통 파랗게 변했습니다.
변화는 그렇게 시작되었습니다.
결국 도시 전체가 파랗게 물들었습니다.
사람들의 눈가에도 파란 물이 들기 시작했습니다.

알고 보니 이곳으로 건너온 유대인들 때문이었지요.
하늘과 멀어지지 않기 위해
아니 하늘과 더 가까워지기 위해
파랗게 칠한 것이었습니다.

종교적 이유가 분명합니다.
그런데 정작 원주민들은 종교적 이유를 애써 무시합니다.

모기들이 파란색을 싫어하기 때문이라 했지요.
그런데 이상하지요.
어느 날 디아스포라 유대인들이 훌쩍 떠났는데도
이곳 사람들은 그들보다 더 파랗게 칠을 합니다.
아주 심각한 모습으로.
과연 극성스런 모기 때문일까요?
그 때문이 아니라는 것쯤은 이제 다 압니다.
이곳에 터 잡은 갈매기까지도

11. 시를 쓴다는 것은

시를 쓴다는 것은 나를 쓰는 것이다. 감추었던 내면을 속속히 드러내기 때문이다. 나의 글쓰기는 일정치 않다. 날수와도 관계가 없다. 시어 한 줄이 나를 잡아끌기도 하고 나를 포박하여 자꾸만 자백하게 만들기도 한다. 이 생각, 저 생각이 줄기로 이어지면 조용하다가도 한 순간에 폭포수처럼 떨어지기도 한다.

시를 쓴다는 것은 내 역사를 쓰는 것이다. 빛나는 순간에서 가슴 저린 순간까지 언 마음을 녹이고 다려낸 언어로 기록한다. 나의 고백은 계곡의 굴곡에 따라 따라잡기 어려운 구석도 있지만 조금만 깊게 드려다 보면 순수와 만나고 숨죽인 호수를 만나기도 한다.

그 어느 순간에도 시인의 눈은 맑아야 한다. 바람이 불어도 흔들리지 않고 물결이 일어도 휩쓸리지 않을 정도로

12. 주여, 도우소서

오늘도 아픈 자를 기억하고 사랑으로 품어주시는 주님. 마지막 잎처럼 남아있는 십이월 끝자락에 우리 모두 겸손히 당신 앞에 섰습니다. 주님과 함께 하는 것만으로도 가슴이 뛥니다.

때로 고난과 슬픔의 날카로운 조각들이 마음을 흔들고 피를 흘리게 합니다. 하지만 흔들림 없는 사랑으로 그 모두 감싸 안으시니 어찌 감사하지 않겠습니까.

우리의 아픔이 아무리 크다 해도 주님이 우리를 위해 흘리신 눈물의 무게와 비교할 수 있겠습니까. 우리를 위해 피 흘리기까지 사랑하신 그 깊고 놀라운 은총에 비할 수 있겠습니까. 그 어느 것도 비교할 수 없습니다.

십이월, 눈보라 치는 언덕에서 당신을 향한 사랑의 노래를 높이 부릅니다. 아무도 관심을 보이지 않는 이 외진 곳에서 당신께 기도하고 찬양을 올려드립니다. 그것이 당신의 제단에 향기로 피어오르게 하소서.

주여, 굳게 닫힌 문을 열어 우리를 자유하게 하소서. 당신을 향한 우리의 절절한 노래가 살아 무딘 땅을 적시고 봄비로 움트게 하소서. 주의 나라는 굳건히 서고, 주의 사랑은 영원합니다. 주여, 도우소서. 아멘

13. 고집에 귀가 있을까

고집 씨 때문에 계속 우울한 소식이 들려온다.
고집도 고집 나름이지. 무슨 고집을 폈기에.
나라까지 그리 됐나. 참 안됐다. 안됐어.

질기고 모진 성품에
변함없이 질러대는 옹고집
자기에 대해서는 무한 관용을 베풀면서
남에겐 한 번의 용서도 사치다.
용서란 처음부터 존중 받을 가치가 없는 것이니
그냥 내버리라 한다.
어이 그런 결정에 손뼉을 칠까 싶다.

고집 씨는 오늘도 미움과 질시를 먹고 산다.
쓴 맛 나는 것들을 참 맛있게도 씹는다.
그로 인해 받을 상처쯤은 약과다.
전쟁을 불사하니
마구 죽어나가도 결코 후회하지 않는다.
그쯤 되면 고집도 종교다.

고집 씨족의 사전에 용서나 사랑은 없다.

집착과 변명과 합리화로 완전무장한 채
상대를 적으로 삼고 무조건 총공세에 돌입한다.
끊임없이 우군을 확보하되
거부하는 자는 가차 없이 처단한다.

고집 씨, 자꾸 그러면 어떡해.
질시의 불에 모두가 타 죽고 있는네.
집이 무너지고, 나라가 거덜 나고 있는데.
그러고도 구국 장수인 체 하면 안 되지.

고집이 나의 말에 관심이 있을까. 턱도 없지.
고집에 귀가 있을까. 턱도 없지.

14. 바쁘게 움직이지만

뜬금없이 요구하는 것이 많다.
아무 말도 하지 않고 보이지도 않는데
자꾸만 우리를 밖으로 끌어내고
험한 계곡과 철 지난 숲 사이를 오가게 한다.
결국 난 생각조차 말라버린 나무처럼 서서
먼 산을 바라본다.
그러다 쫓기듯 달음질쳐 도시 안으로 들어온다.
건물 사이로 찬바람이 몰아친다.
이렇게 얼어버리는 것은 아닐까.
도시도 냉랭하다.
누구 하나 따뜻한 말로 대하지 않는다.
떠밀리듯 가다 붙잡고 물어본다.
마음 놓고 쉴 수 있는 공간, 어디 있을까.
답은 없다. 그렇지. 답을 줄 리 없다.
지친 무리가 밀려 내려오고
다른 무리는 다른 곳을 찾아 나선다.
바쁘게 움직이지만 정작 머물 곳은 보이지 않는다.
밤은 깊어 가고, 자꾸만 눈이 감긴다.
어디를 가야 잠을 잘 수 있을까.

15. 그리워하는 것도 복이다

어데 부귀영화만 복일까
다른 눈으로 보면 세상에 복 아닌 것 없다.
보고 싶을 때 마음껏 볼 수 있는 것도 복이다.
사랑으로 살찌우는 복
멀리 있는 것을 그리워하는 것도 복이다.
먼 것도 가까이 할 수 있는 복
마음의 사진첩에 꼭꼭 끼어 넣는 것도 복이다.
아름다움을 버리지 않는 복
달이 뜰 때 고향을 생각하는 것도 복이다.
돌아갈 곳을 잊지 않는 복
고난에도 쉽게 넘어지지 않는 것도 복이다.
쓰러지고 피 흘려도 울지 않는 복
글을 만나는 것도 복이다.
읽고 또 읽어 마음을 다스리는 복
내가 지금 여기에 있다는 것도 복이다.
오늘을 감사하며 살 수 있는 복
이데 부귀영화만 복일까
세상에 복 아닌 것 없다. 슬픔까지도.

16. 내어주고 또 내어주어

강은 늘 목이 마르다.
하지만 아무리 목이 말라도 자신의 물을 마시지 않는다.
흘러 보내고 또 흘러 보낸다.
자꾸만 내보낸다.
그 바람에 곁에 사는 논과 밭이 춤을 춘다.

나무는 열매를 맺는다.
가지마다 주렁주렁 열매를 맺어도
결코 자신이 맺은 열매를 탐하지 않는다.
자신을 몽땅 내어주고 또 내어준다.
사람도, 동물도 그것을 먹고 산다.

꽃은 늘 향기를 내뿜는다.
하지만 한 번도 자신을 위해 향기를 내지 않는다.
마지막 남은 한 줌의 향까지 비워
벌과 나비를 기쁘게 한다.

태양은 빛을 뿌린다.
구석진 곳을 비추고 어둠을 거둬내지만
결코 자신을 위해 비추지 않는다.

하루도 거르지 않고 찾아와
생명을 틔우고 자라게 한다.

자연은 그렇게 남을 위해 산다.
이것이 그들의 삶의 법칙이다.
그 놀라운 법칙을 우리도 헌법으로 삼을 수 없을까.
내어주고 또 내어주어
세상을 살릴 수 없을까.

17. 지금 그대로

교정에 눈이 내렸다.
나무에도, 돌 위에도, 잔디 위에도
모두 하늘로부터 세례를 받고
흰 옷을 걸친 채 조용히 앉아 있다.
그 경건함에 취해 마음까지 숙연해진다.
건물은 한 걸음도 움직이지 않고
함박눈을 맞고 있다.
마치도 오랜 친구처럼 어깨를 두드리는
눈들로 교정은 축제의 한 마당이 되었다.
눈이 춤을 추며 내려오고 있다.
그 춤사위에 사람들은 넋을 놓고 있다.
세상에 이 만나는 어디에서 온 것이냐.
나는 그 사이를 오가며 불러본다.
과거는 몽땅 지워지고 현재만 남아있다.
기억이 날 때 그 이름 노래처럼 불러보자.
지금 그대로

18. 배운다는 것은

배운다는 것은 살고 싶다는 것이지.
지금과는 전혀 다른 삶을.
배운다는 것은 껍질을 깨고 나오는 것이야.
동굴을 벗어나지 못하면 어찌 되는지 잘 알기에.
배운다는 것은 정금을 캐는 것이지.
그 속에 깨달음이 빛나기에.
배운다는 것은 줄 수 있는 기회를 만드는 거야.
삶의 가치는 나눌 때 더 높아지니까.
배운다는 것은 잠자는 영혼을 깨우는 일이지.
그 소리에 너도 나도 깨어나니까.
배운다는 것은 마음을 다스리는 것이지.
정직하고 아름다우면 세상도 달라져.
배운다는 것은 또 다른 시작이지.
우리는 내일 다른 별로 가야하니까.

19. 틈나면 마실 한 번 오게나

그대는 지금 역사 속으로 사라진 나라에서 태어났다.
그 추운 땅은 북풍조차 무서워하는 곳 아니던가.
귀가 터지고 얼굴에서 고드름이 얼 정도라면
다시 가려는 생각은 아예 말게.
그곳은 철통같은 감시와 정적으로 죽은 땅이 되었네.
그곳을 떠난 그대가 남쪽에 터를 잡았다는 소문이
온 동네를 떠들썩하게 만들었지.
게다가 콜럼버스처럼 너른 바다를 건넜다는 말에
넋을 잃고 말았네.

어느 날 촌장이 되어 구석구석을 누비며
아이들까지 돌봤다는 말에 모두 눈물을 흘렸어.
그래 세상 살맛나던가.
밖이 그리 좋던가.
의문이 꼬리를 물며 달려가고 있네.
다 답을 해주어야하는 것은 아니니 괘념치 말게나.
세상에 어디 정답이 있던가.
자네 삶이 기이하고 놀라워 그런 것이지.
틈나면 마실 한 번 오게나.

우리 손잡고 한 번 춤을 춰보세.
그래야 언 땅도 풀리고
어미의 땅도 되살아나지 않겠는가.

20. 영광이 엄호하며 그 뒤를 따라가고

조금은 세미한 음성으로 가슴을 노크하며
지친 손 잡아주며 속삭이듯
작은 종소리들이 음이 되어 나타나
하늘의 메시지를 읽는다.
모두가 숨죽이며 기다리던 그 시간에
아무도 생각하지 못했던 일들이
이 땅에 일어났다.

누가 일어나 그를 맞아줄까
누가 일어나 노래를 부를까
누가 머리 숙여 경배를 드릴까
두려움을 뚫고 더 찬란하게 피어나는 모습에
경이로움이 온 지경을 덮는다.
하늘은 자비를 더해 한 송이 꽃을 허락했다.
우리는 가슴 조리며 바라본다.
그 꽃이 자라 입을 열면
우리도 입을 열 수 있으리라.
소리가 지축을 흔들면
기다림은 문을 활짝 열고 그를 맞는다.

영광이 엄호하며 그 뒤를 따라가고
하늘 축제는 비로소 시작된다.
그 날에

21. 하늘이 자비를 베푼 게야

온난화로 걱정을 많이 하더니
북극 발 한파에 모두가 비상이다.
기후가 고장 난 게 틀림없다.
코로나조차 통제할 수 없으니
두 손 두 발 다 들었다.
세상은 얼어붙고 입은 말을 잃었다.
어떻게 생명을 지속할 수 있을까.

학교도 비상이다.
학생이 줄어들어 문 닫는 소리가 들린다.
공간은 적막으로 들어갈 준비를 마쳤다.
이러다 우리는 어디서 배워야 하나.

정치는 실종되어 길을 잃은 지 오래다.
부패가 되래 떵떵거리며 산다.
사람들마저 갈라져 싸우느라 정신이 없다.
나중엔 무엇 때문에 싸우는지 모른다.
이성은 상실되고 평안은 포박을 당했다.
걱정과 근심이 그 자리를 메운다.
그런데 이상하다.

숨 막혀 살 수 없지 싶은데 세상은 돌아가고 있다.
해는 하루도 거르지 않고 뜬다.
사람들도 걸음을 재촉하며 가고 있다.
한 가지 확실한 것이 있어.
하늘이 자비를 베푼 게야.

22. 시가 금빛으로 태어난다

간밤에 나를 찾아온 천사가 쪽지를 남겨두었다.
"내일 일어나면 바로 이 제목으로 시를 쓰라."
그런데 꿈에서 본 쪽지를 찾을 수 없다.
제목도 전혀 생각나지 않는다.
내 기억력이 이렇듯 바닥인 줄 이제야 알았다.

골똘히 생각하고 또 생각했지.
기억의 문을 열고 더 깊이 들어갔다.
아무도 말리는 사람이 없어 더 깊이 들어갔는데
빛이 없는지라 아무 것도 건질 수 없었다.
문을 닫고 나오면서 나는 또 고개를 숙였다.

결국 고해성사를 하는 마음으로 이 글을 쓴다.
천사는 왜 나를 찍어 시를 쓰라 했을까
잊힌 제목이 언젠가 나를 찾아와 말하겠지.
"시는 광맥 속에서 아직 빛을 발하고 있답니다."
놀란 나는 붓을 든다. 시가 금빛으로 태어난다.

23. 그 때를 기다리며 너를 생각한다

높다고 생각되면 낮아짐을 생각한다.
한 치 더 낮추면
나도 모르게 겸손을 배울 것이다.
박수를 받지 않으면 어떤가.
그것에 목매면 다칠 수 있으니 조심하게나.
허심은 아무짝에도 쓸데없음을 나중에 알걸세.
어둠에 자기를 가두는 일일랑 하지 말게.
거기서 무엇을 얻겠는가.
지금까지 내버린 시간만 계산해도
값을 너무 많이 치른 셈이네.
이젠 친구를 만나 진심의 강을 건너게
서로 돕고 밀면 낮은 등성이쯤 거뜬히 오를 걸세.
추우면 나무도 얼어 죽는 판인데
우리야 말해서 무엇 하겠나.

남극의 펭귄처럼 서로 감싸고 안으면
찬바람도 무섭지 않으리라.
언젠가 따스한 생각이 물밀 듯 밀려와
두꺼운 얼음을 깨뜨리기 시작하면

누가 알리. 살았다 외칠 날 올 것을.
그 때를 기다리며 너를 생각한다.
꼭 살아 있으라.

24. 고마운 표시는 내가 해야 하지 않겠느냐

한 해가 작별인사를 한다.
그동안 뒤돌아볼 틈조차 없어
벌써 그리 되었나 묻는데
녀석은 달력의 맨 끝까지 달려왔다며
그동안 감사하다고 말한다.
손을 잡고 잘 가라고 하기엔
이미 든 정이 그를 놓아주지 않는다.
왜 너에게 할 말이 없겠느냐.
이젠 기쁨이 찾아왔는가 싶어 안도하다가도
금세 놀랄 일이 터지는 바람에
힘들어 눈물짓던 너인데
그래도 넌 속 깊은 녀석이라
내색도 하지 않고 참아냈다.
너 땜에 이만큼 살 수 있었으니
고마운 표시는 내가 해야 하지 않겠느냐.
등을 다독이자 눈물이 나려는지
녀석은 그만 고개를 돌리고 만다.
그냥 가지 말고 한 마디 하고 가라는데
부끄러운지 자꾸만 입을 가린다.

건강을 비는 그의 말에 가슴이 멘다.
새 해가 내 손을 잡고 말없이 서 있다.
그래 걷자.

25. 암, 외롭게 해서는 안 되지

덩치 큰 생각은 바위처럼 굳어있다.
기대가 큰 데 작동시간이 너무 길다.
내가 뭐랬어. 그 녀석은 산에 어울린다 했잖아.
모난 생각은 오늘도 쭈그리고 앉아있다.
집적대도 응답할 기미를 보이지 않는다.
삐친 마음을 정리하려면 시간이 걸릴 것이다.
그래도 귀여운 구석이 있으니 참자.
이따금 작은 생각이 창문을 열며 얼굴을 보인다.
단정한 모습이 고와 보인다.
나오면 꼭 인사도 하고 말을 틀 것이다.
병든 녀석은 며칠 째 칩거 중이다.
면회도 사절이니 병이 중한가보다.
마음까지 약해지면 어찌될까 걱정이 앞선다.
그런데 갑자기 소집령이 내렸다.
"날씨가 풀리면 한 번쯤 만나 얘기 좀 나누자.
날짜는 추후 공지하겠다."
이 생각 저 생각이 물결치면서 나를 어지럽힌다.
삐친 녀석도 겸연쩍게 미소 짓는다.
암, 외롭게 해서는 안 되지. 살아야지.

26. 이젠 옛 고향을 부수고 새롭게

인구가 줄어 소도시가 소멸될 위기라 한다.
작은 도시는 큰 도시에 먹히고
서울은 점점 배불뚝이가 되어간다.
만원에다 소화불량이 된지 오래다.
예나 지금이나 고향 떠나는 일은 쉽지 않은데
봇짐 행렬이 줄지 않고 있다.
도시는 크고 좋아 보인다.
그게 유혹이지 유혹이 따로 있나.
냉랭하기 그지없는 골목에서 눈물 흘릴 땐
무엇이 좋다고 결행을 했는지 묻기도 하지만
때늦은 후회 받아주는 이 하나 없다.
사노라면 모두 현재에 익숙해지기 마련이지.
인구가 푹푹 줄어 학교도 문 닫고
여기저기서 문 닫는 소리 요란하면 서울인들 견딜까.
도시는 막대그림처럼 아파트로 점령당하고
모두 하늘 중간에 침대 펴고 사니 위험하기 그지없다.
잠자기 힘들어 불 켜놓은 집들이 늘어간다.
그 때 고향생각이 절로 나겠지.
하지만 그곳도 마음 편치 않다.

동네는 이미 폐허가 되었고 사람이 보이지 않는다.
이젠 옛 고향을 부수고 새롭게 지어야 하지 않겠나.
그래야 고향이지. 그래야 돌아가지.

27. 그런 곳은 처음부터 없었어

허풍이 큰 소리 치는 바람에 모두 꿈을 꾸기 시작했다.
이것은 아니다 싶은데
화제가 되다 보니 관심이 날로 높아지고 있다.
아무도 가보지 않은 곳이라
어떤 그림도 그려지지 않는데
너나없이 소풍 전날처럼 마음이 들떠있다.
그렇게 쉽게 가볼 수 있는 곳이라면 몇 번도 다녀왔겠다.
하지만 아무도 가본 적 없어 값도 정해지지 않았다.
아니 언제 차가 떠날지도 모른다.

그럴수록 무지는 더 신이 나서 입을 크게 벌리고
사람들은 허풍 질로 끝날까 봐 전전긍긍이다.
결국 거짓은 오래가지 못한다는 것이 사실로 드러났다.
허풍이 찬바람에 시달리다 그만 병들고 만 것이다.
기대가 풍선처럼 꺼지자 실망이 이만저만 아니다.
한 노인이 길거리에서 소리를 친다.

허풍이 방향을 잡지 못하고 뛸 때부터 알아보았지.
이러다 허언 죄로 몰려 벌금 물리면 어쩌나 싶었어.

그런데 사람들은 그걸 몰라.
모두가 거짓의 장단에 속은 거지.
좀 진실하게 살자고.
그런 곳은 처음부터 없었어.

28. 나무들이 숲에 모여 사는 것은

나무들이 숲에 모여 사는 것은 이유가 있다.
천상의 소통 방법을 터득한 후로 숲은 달라지기 시작했지.
가지를 팔처럼 뻗고 잎에 동작 신호를 보내면
하늘을 뚫는 놀라운 음이 탄생한다.
숲의 나무들이 입을 열어 합창을 한다고? 그렇다니까.
그 소리에 나무들이 기뻐 가슴을 치고
하늘을 향해 높이 손을 흔들면
온 산은 춤판으로 변한다.
별들은 밤새도록 눈을 떠 신비를 엿보고
달은 놀라움에 눈을 동그랗게 뜬다.
때론 질시로 아픔을 겪기도 하지.

왜 아니 그러겠어? 숲의 노래는 돈으로 살 수도 없는데.
하지만 방어 막을 치고 자신을 지킬 필요는 없어.
누구처럼 한 뼘도 내어줄 수 없는 자유를 위해
한 숨도 깨뜨릴 수 없는 평안을 위해
큰 소리 치며 싸울 일은 없으니까.
오히려 위엄에 휩싸여 오늘도 높이 노래할 수 있다.

그 소리는 늘 위를 향해 있어 아무도 들을 수 없다.
그것은 들을 수 있는 자의 것이며
볼 수 있는 자의 것이다.
나무는 이 거룩한 소통을 위해 이 숲에 태어났다.

29. 이 밤에

겨울비가 눈이 되어 내리고 있다.
한 줄 두 줄 빛을 뿌리며 내리고 있다.
기쁨 반, 설렘 반 섞어 내리고 있다.
누군가는 손짓하며 이름을 부르고
누군가는 응답할 것이다. 이 밤에.

밖은 고요한데 눈은 금방 눈물로 변한다.
아무도 그를 나무란 적 없는데
왜 그리 서러운지 모르겠다.
하늘에서 무슨 일이 있었던 것이냐
천사의 깃털이 되지 못해 안타까운 것이냐. 이 밤에.

땅은 아무 말 없이 그 눈물을 받아준다.
넓은 마음이야 남에게 지지 않지.
그래서 눈은 땅에 안김으로 평안을 얻고
땅은 안아줌으로 어미로 태어난다.
지금 그 눈물어린 포옹을 지켜보고 있다. 이 밤에.

30. 그러다 숨 막히면 어떡하지

미세먼지가 전국을 강타했다.
밖에 나가지 말라는 명령이 자꾸 떨어진다.
내 실력으로 공기 질을 따질 순 없어도
건강에 해롭다 하니 겁부터 난다.
보이지도 않으니 막을 수도 없다.
최소한의 방어모드로 들어간다.
옷을 탈탈 털고 방도 닦고 또 닦는다.
바닥에 윤기가 흐를 지경이니
미세먼지도 미끄러지겠다.
황사하면 중국을 향해 흘기던 눈도
미세먼지, 초미세먼지라 하니 할 말이 없다.
먼지조차 진화하니 어디서부터 전투를 시작할까.
미사일이라면 방공호를 찾을 터인데
고농도미세먼지, 극초미세먼지를 어떻게 피할까
문을 꼭 닫는다. 마음까지 닫는다.
그러다 숨 막히면 어떡하지.
전쟁이 따로 없다.

31. 이 세상에 가치 없는 생명은 없습니다

자연은 경이로 물든 거대한 생명입니다.
화가 나면 더 크게 소리치는 생명입니다.
가히 넘보지 못할, 놀라운 생명입니다.
그 생명 앞에 겸허하지 않을 수 없습니다.
그 안에서 숨 쉬는 생명체 모두 생명입니다.
하루도 아니고 태초부터 이어온 생명입니다.
그 생명이 오늘도 살아 우리 앞에 있습니다.
우린 오늘도 그 생명과 소통하며 삽니다.
작은 잎도, 큰 잎도 다 생명입니다.
바람에 춤을 추는 나무도 생명입니다.
태양에 입 맞추는 숲도 생명입니다.
그 생명을 보며 우리는 평안을 얻습니다.
당신이야말로 값진 생명입니다.
이 세상에 둘 도 없는 생명입니다.
존중받고 사랑해야할 귀중한 생명입니다.
이 생명을 노래하세요. 더욱 더 안아주세요.

32. 진정 사랑한다면 지금 말하지 마세요

사랑한다고 말하는 순간 사랑이 아닐 수 있습니다. '도'(道)를 도라고 말하면 그것은 도가 아니라는 노자의 말처럼. 사랑의 말을 토해내도 시큰둥한 반응을 만나면 곧 식어버리니까요. 식어버린 사랑은 식은 밥처럼 맛이 없습니다. 더 이상 유효하지 않습니다.

마음에서 차마 입 밖으로 꺼내지 못한 속사랑이 진짜 사랑일 수 있습니다. 아직도 펄펄 살아있는, 뜨거운 사랑이니까요. 그러니 사랑한다면 지금 말하지 마세요. 더 익혀서, 더 참고 참아서 그 진한 마음을 더 깊고 길게 간직해 주세요. 좀처럼 식지 않게.

그런 의미에서 그리움을 추천합니다. 사랑의 말보다 그리움을 택하는 사람을 종종 봅니다. 정면 돌파보다 수줍은 그리움이 보글거릴 때 그 마음은 사랑을 더 뜨겁게 데우고 또 재울 수 있습니다. 그러니 사랑한다면 진한 그리움으로 더 끓이십시오.

그리움은 사람에게만 해당하지 않습니다. 늘 멀리 있어 잘 보이지 않는 고향에서부터 막 다녀온 잔잔한 호수까지, 구름을 뚫고 떠오르는 태양에서 빛으로 물드는 저녁 노을까지 그리움은 늘 마음에 살아서 움직입니다. 그 마음이 하늘에 닿을 때까지.

사랑하든 그리워하던 때로는 그 때문에 괴롭기도 합니다. 그러나 괴로운 만큼 삶을 사랑한다는 증거 아닐까요. 그로 인해 병을 얻을 수 있지만 괜찮습니다. 그 자체만으로도 아름다우니까요. 하지만 부탁입니다. 진정 사랑한다면 지금 말하지 마세요. 고백하지 마세요.

33. 종남산 가을은 진경의 몸체가 되어

종남산(終南山) 가을이 황홀하게 물들어갑니다.
진령산맥의 남쪽 끝자락이 아니라
진경의 몸체가 되어
보는 이의 가슴을 마구 흔듭니다.
은자의 땅이니
어디엔가 은자가 보일 법한데
구름에 가려 한 점도 읽어낼 수 없습니다.
불러도 답을 주지 않으니
불러낼 재간도 없습니다.
단풍은 색색으로 물들이며
구석구석 잔치를 열었습니다.
더 깊숙이 들어가면
또 무엇을 만날 수 있을까요.
산 넘어 산은 그림자처럼 희미하게 서 있고
구름도 쉬며 구경을 합니다.
하늘은 오늘따라 더 맑습니다.
모두 종남산에 빠졌습니다.
가을에 빠졌습니다.

34. 절망하지 않도록 늘 깨우고 격려했기에

한 인생이 갔다는 것은
별 하나 떨어진 것이 아니라
한 우주가 몽땅 지워지는 것이다.
그는 우리 너머의 세계를 볼 만큼
넓은 시야를 가지고 있었는데
이제 그것을 볼 수 있는 눈을 잃었기 때문이다.
봄철이 되면 바람 따라 피는 꽃들을 사랑했고
너른 마음으로 우리의 연약함을 안아주었다.
넉넉지 못한 살림을 부끄러워하지 않았으며
늘 정직의 신을 신고, 낮은 자세로 우리를 섬겼다.
사랑이 결핍된 곳에는 자비를 심어 자라게 했고
절망하지 않도록 늘 깨우고 격려했기에
우리는 오랫동안 웃고 기댈 수 있었다.
어디 그뿐이랴
닫힌 지혜를 열어 넓은 세계를 보게 하고
이곳저곳을 탐방하며 소통하게 하였다.
우리가 이 만큼 자랄 수 있었던 것은 그 때문이었으니
어찌 모든 것 잃은 것 아니겠는가.
그러나 우리는 절망하지 않네.

그는 절망이 아니라 희망을 가르쳤으며
거꾸러짐이 아니라 세움을 가르쳤으니
다시 일어나는 것은 우리의 몫일 터
절대 울지 않으리라.
그의 길을 가리라.
당신과 함께.

35. 우리는 늘 당신을 기다립니다

조용히 책을 펍니다.
갑자기 작아진 옷처럼 오늘따라 글자가 작아 보입니다.
확대경을 디밀자 글자들이 물고기처럼 튀어 오릅니다.
그것이 오늘 나의 양식이 될 것입니다.
어떤 것은 생명선을 건드리는 곡으로 바뀔 것입니다.
요즘 짠한 마음이 자주 듭니다.
설자리뿐 아니라 앉을 자리도 잃어가는 것도 보이고
구석구석에서 흘리는 눈물 자국도 눈에 선합니다.
벽에 걸었던 희망도 녹 쓴지 오래입니다.
점점 걱정의 수가 늘어갑니다.
그래도 묵묵히 제 할 일을 하는 사람들이 있어
고마운 하루입니다.
하늘 양식이 있어 배고프지는 않습니다.
당신이 있는데, 걱정할 것이 무엇이겠습니까.
책을 덮습니다. 그리고 기도합니다.
주님, 저의 연약한 손이 떨리지 않게 하옵소서.
주의 빛이 이 땅을 고루 비추고
당신의 생명이 우리 속에서 춤추게 하옵소서.
우리는 늘 당신을 기다립니다.

36. 그와 함께 할 때 우리는 더 강해지고

동네 입구에 나무 한 그루 서 있습니다.
크고 너른 나무입니다.
지쳐 도망 갈 법 한데 지금까지 자리를 지키고 있습니다.
가지도 많고 잎도 많아 하늘을 가리기에 충분합니다.
기꺼이 쉼터가 되어주지요.

그는 아무 말도 하지 않습니다.
그 어떤 요구도 하지 않지요.
지금까지 청구서 한 장 내민 적 없습니다.
혹시 화가 난 걸까요? 그것은 아닙니다.

하지만 그는 우리와 많은 말을 하고 싶어 합니다.
지나온 날들에 대한 푸른 기억과
수없이 꺾인 얘기를 풀어 우리를 다독이고
위로를 한 상 내어주려 합니다.
그와 함께 할 때 우리는 한층 더 강해지고
젊어질 수 있겠지요.

그런데 우리는 그에게 한 번도 정을 준 적 없어요.
당연하다 생각한 것이지요.

넌 원래부터 그렇게 서 있었으니까.
이젠 비정함을 내려놓고 그를 끌어안을 때가 되었습니다.
그럼 그는 흐느낄 것입니다.
그에게도 말 못할 설음이 있는 것이지요.
미안함이 더 깊어질 것입니다.

오늘따라 껍질처럼 마른 그의 얼굴을 만져봅니다.
그가 눈을 떠 우리를 바라보네요.
이젠 마음을 열 준비가 되어 있습니다.
어디선가 바람이 붑니다.
참 시원한 바람입니다.
나무 잎이 흔들립니다.
춤을 추고 있습니다.

37. 그냥 어제 왔던 친구처럼 눈짓하며

몇 줄의 편지를 당신에게 남기려 합니다.
장편을 단편으로 줄인다는 것,
긴 단락을 짧게 요약한다는 것은
많은 것을 생략해야 하므로 아쉬운 점이 크지만
병상의 당신에게 긴 말을 하는 것은
고문과 같은 것이기에 그리 하기로 마음먹었습니다.
비린 질문은 아예 하지 않겠습니다.
편견이 담긴 말도 하지 않겠습니다.
치레로 버무린 인사말도 하지 않겠습니다.
그냥 어제 왔던 친구처럼 눈짓하며
당신의 눈빛을 따라 조심스럽게 걷는 심정으로
어쩌다 말을 해도 그저 손을 잡는 것으로
만족하는 그런 글을 쓰고자 합니다.
어쩌면 읽는 시간이 허락되지 않을 수 있기에
가슴에 남을 몸짓도 살짝 담아두겠습니다.
그러나 당황할 수 있는 짓은 하지 않겠습니다.
당신의 정적을 깨뜨리거나 훔치는 일도 하지 않겠습니다.
어쩌면 어떤 값으로도 살 수 없는 순산일 수 있기에
최고의 값을 치루는 마음으로 다가가고자 합니다.

그것은 당신을 향한 존경과 감사가 버무려져 있고
함께 한 역사가 거룩한 모습으로 나타날 수 있습니다.
하지만 그것을 애써 읽으려 하지 마십시오.
그냥 느끼시기만 하면 됩니다.
우리는 이미 눈으로, 마음으로 서로를 읽고 있으니까요.
어쩌면 이 편지는 아무 말도 없이
백지로 전달될 수 있습니다.
더 이상 글을 쓸 수 없기 때문입니다.
우리에겐 절대로 헤어짐은 없습니다.

38. 기도가 거침없이 쏟아진다

온도를 높였는데도 찬바람이 돈다.
여기가 어디라고 허락도 없이 들어오나.
문을 닫고 출입금지령을 선포한다.
그래도 찬 기운은 가시지 않는다.

세상이 달라졌나 싶은데
여기저기서 뼈아픈 소리가 들려온다.
집 잃은 사람들이 늘어가고
개중엔 넋을 잃은 자도 보인다.
전쟁 통에 그리된 것은 보았어도
이 대명천지에 무슨 일인고 싶다.

보이지 않는 빈부 전쟁에 깊은 상처를 입고
쓰러진 사람들이 많을 것이라는 예고가 있었지만
그것이 현실이 될 줄은 몰랐다.
일자리엔 낯선 기술이 앉아 있고
일꾼들은 거리로 밀려났다.

몇몇 빈자리가 저 멀리 듬성듬싱 보이지만
찢긴 헝겊처럼 널 부러져 아무도 관심을 두지 않는다.

사람들은 추위와 갈증으로 여위어 간다.
게 아무도 없느냐 소리쳐 보지만
밖엔 찬바람 소리만 요란하다.

무릎을 꿇는다.
기도가 거침없이 쏟아진다.
눈물과 함께

39. 오늘 힘들다고 내일이 없는 것 아니다

낙엽 졌다고 나무가 죽은 것 아니고
가만히 서있다고 숨 쉬지 않는 것 아니고
눈이 없다고 보지 못하는 것 아니다.
가슴 열어 바람과 통하고
오늘을 들이키며 세상과 호흡한다.

잠잠히 내일을 기다릴 뿐이니
불씽히 여기는 마음으로 나를 보지 말라.
봄이 오면 싹을 내고 손을 뻗을 것이니
지금의 나를 보며 안타까워하지 말라.
생각이 짧다 하면 화를 내겠지.

해가 짧아졌다고 서글퍼하지 말라.
잠깐 보이지 않는다고 울지 말라.
오늘 힘들다고 내일이 없는 것 아니다.
하늘 향해 높이 손 뻗으며
열심히 손짓하는 나를 보라.

죄는 그 주인을 찾아가는 것 아니겠나.
평생 남 해친 적 없으니 괘념치 말라.

태어난 대로 살고 느낀 대로 반응하다
찬 겨울 맞았을 뿐이니 훼방 놓을 생각하지 마라.
건강한 파효(破曉)*가 날 기다리고 있다.

아프다고 인생 끝나는 것 아니고
끈 짧다고 인생 짧아지는 것 아니다.
오르막 있으면 내리막 있는 법
나를 함부로 재단하지 말라.
찬란한 봄이 내 몸을 타고 올 것이니

*파효(破曉): 새벽, 새벽녘

40. 세상을 보니 마음이 오락가락 하겠지

구름사이로 얼굴이 잠간 보이다가 숨는다.
부끄러운 것인가 숨바꼭질하는 건가.
그래 신부의 얼굴을 바로 보여줄 수는 없지. 암.

너울너울 춤추듯 빛을 뿌렸다 거둔다.
밭에 뿌리더니 강에도 뿌린다.
익은 사랑은 골고루 내려줘야 공평하지. 암 그래야지.

격한 감정에 웃었다 울었다 한다.
해맑게 웃다 갑자기 울음 비 쏟는다.
세상을 보니 마음이 오락가락 하겠지. 그러다 병들라.

줄곧 낮과 짝하더니 달에 밤을 맡긴다.
지치면 쉬기도 해야 살지.
암 그래야지.

41. 양념 같은 너를 오늘 기억한다

먼 그 날부터 내 마음에 살아
잊었나 싶어도 가끔 생각나는
누군가 그곳을 말하면 바로 너인가 싶고
멀리 있다가도 갑자기 가까운 친구가 되고
호롱불처럼 가물가물하다 흔적도 없이 사라지는
그래서 그리움이 그대로 묻어나는 곳.

어른이 되어서도 너를 말하고
그래서 언젠가 연어처럼 돌아가야 하는
바람 부는 언덕과 양지가 자리하는 곳
꿈에 나타났다 밀려드는 의식에 지워지고
시 한 줄로 피어나다 굵은 눈물로 변하는
오늘도 등 두드리며 잘 살 거라 말을 거는
그러나 보일 듯 보이지 않는 너

네가 있어 살맛이 도는
양념 같은 너를 오늘 기억한다.
네 이름 부르며

42. 가시밭이 너를 괴롭히고 서럽게 한다 해도

세상에 늘 평탄한 길이 어디 있겠는가.
삶은 원래 산처럼 계곡처럼
구불구불하고 울퉁불퉁 한 것이다.
걷기 힘들면 쉬어가도 좋다.

한 치 앞을 내다 볼 수 없다 해도
애달프다 하지 마라.
그것이 우리 것이면 오히려 감사하며 살 일이다.
어설프게 아는 것보다 모르는 것이 약일 수 있으니.

그런데도 과장하며 살면 허풍선이 되기 십상이다.
죽지 않고 살 것처럼 말하는 것이나
몸짓 부풀려 자신을 커보이게 하는 것
다 부질 없는 짓이니 솔직하고 겸손할 일이다.

때론 거울에 비친 자기 모습에 놀라도 좋다.
그래야 더 가꾸고 내일을 준비하지 않겠는가.
모진 바람에 옷깃 여미지만 다 막지 못한다 해도
서러워하지도 마라.
이만큼 산 것도 장한 것 아니겠나.

한 과정이 끝나면 다음 과정으로 가는 것.
아픈 날 있으면 평온한 날도 올 것이다.
순리대로 살아야 꺾이지 않는다.

오늘 파티를 열지 못한다 해도
섭섭해 하지 마라.
감격의 순간은 고난을 이기는 자에게
엄숙하게 수여된다.

험난한 길 계속되고
가시밭이 너를 괴롭히고 서럽게 한다 해도
결코 마음을 접지 마라.
오늘 눈물 나게 하는 그것이
내일 기쁨의 꽃다발을 선사할지 어찌 알겠는가.

43. 당신의 자녀들로 노래하게 하소서

주님, 희망이 보이지 않는 곳에 빛을 뿌려주소서. 그들로 노래하게 하시고 기쁨으로 춤추게 하소서. 일어서지 못하는 자에게 힘을 주시고 고난의 떡을 먹는 자의 울음을 그치게 하소서. 배고픔으로 신음하는 자에게 사랑의 그릇을 주시고 내일을 약속할 수 없는 자에게 더 나은 미래를 주소서.

주님, 우리는 주께 의지할 수밖에 없음을 고백합니다. 지금 우리에게는 기댈 언덕도 보이지 않고 쉴만한 물가도 찾을 수 없습니다. 그러나 우리는 오직 주의 약속을 믿고 일어섭니다. 당신의 말씀이 생명이 되고 우리를 살리기 때문입니다.

주님, 우리는 주님의 것이요 주의 백성이기에 감히 기도하며 당신 앞에 나아갑니다. 자녀의 목소리를 들으시는 주님이시기에 오늘도 우리는 소망을 갖습니다. 주님, 우리는 언제나 주님을 신뢰하며 기쁨으로 나아가기를 원합니다. 하루가 짧듯 인생의 길이가 짧다 해도 우리는 그것을 감사로 받으며 정결한 삶을 살고 싶습니다.

주여, 우리가 주님의 말씀에 민감하게 하시고 더 민첩하게 나아가게 하소서. 일어나 걷게 하시고 뛰게 하소서. 바산의 암소처럼 굳건하게 하시고 평화롭게 꼴을 먹게 하소서. 당신의 자녀들로 노래하게 하소서.

44. 금빛 햇살, 그 포근함에 또 빠져

손등에 살짝 내려앉은 금빛 햇살
그 속엔 누구에게도 밀리지 않을 미소가 묻어있다.
잔바람에 지워질까, 솜털처럼 날아갈까
난 금세 조마조마하다.
때론 나 몰래 찾아오기도 해서
오늘은 아예 대문, 중문, 소문 다 열어놓고
어서 들어오라 손짓을 한다.
수줍어하지 마라. 넌 손님이 아니니.
아무리 물러날 기미조차 없는 겨울이라 해도
봄은 네 따사한 초대에 기꺼이 응답하며
놀랍게 태어날 준비를 하겠지.
이따금 전해주는 너의 비밀스런 속삭임에
내 얼굴은 내칠 수 없는 기쁨으로 익어간다.
널 마주하면 가슴이 먼저 뛰는 걸 어찌할까.
금빛 햇살, 그 포근함에 또 빠져

45. 내 안에 이 소원이 자라고 있는가

이름이 미라벨인 것은
우리 모두 아름다운 것을 보며 살자는 뜻이다.
몽골에 유목민이 많은 것은
한 곳에 정착하며 살면 땅을 망친다 생각한 때문이다.
우리가 역사를 공부하는 것은
과거와 현재가 끊임없이 대화할 필요가 있기 때문이다.
어른들이 싸가지 없는 놈이라 욕하는 것은
네 속에 인의예지를 담고 살라는 것이다.
황무지를 사하라라 부른 것은
그곳이 사람을 강하게 만들기 때문이다.
사람들은 후대가 아름답게 살고
환경을 사랑하며
늘 소통하고
핵심가치를 버리지 않으며
강해지기를 바란다.
내 안에 이 소원이 자라고 있는가.

46. 낙엽의 유언

가을이 질 무렵 여기저기에 낙엽이 즐비합니다. 여름 내내 그 파랗던 잎들이 노란색, 주황색, 빨간색, 밤색 옷을 입었네요. 무엇이 바빠 그렇게 옷을 갈아입었는지 궁금해집니다.

그것이 알고 싶으신가요? 바로 잎에 있는 엽록소 때문입니다. 엽록소는 한 여름 태양으로부터 나오는 빨강과 파랑 빛을 빨아들이지요. 참 신기하지요. 그래서 모든 나뭇잎이 녹색을 띱니다. 잎에 반사되는 빛이 우리 눈에 녹색으로 보일뿐인데 말입니다. 엽록소는 불안정한 물질이고, 햇빛에 빠르게 분해됩니다. 그래서 풀과 나무들은 쉴 새 없이 엽록소를 합성하고 재생해야 합니다. 쉴 틈이 없어요.

하지만 가을이 되면 상황이 달라집니다. 낮이 짧아지고 밤이 길어지면서 합성과 재생 과정이 원활하지 못합니다. 잎도 병들고 늙어가는 거지요. 결국 엽록소는 파괴되고, 잎은 점차 초록색을 잃게 됩니다. 아, 너무 슬픕니다. 엽록소가 줄어들면서 초록 잎은 노란색으로 바뀝니다. 아픈 것이지요. 어떤 나무는 잎에 있는 낭분 작용으로 붉은 색소가 만들어집니다. 잎도 당뇨병이 있나요? 정말 그럴까요? 잘 모르겠습니다. 하여튼 엽록소가 줄어들면서 잎은 갈색, 보라색, 그리고 진한 홍색으로 변합니다. 병이 깊어진 것이지요.

그런데 너무 이상합니다. 사람들은 옷을 갈아입는 잎을 보며 가을을 더 깊이 느낍니다. 인생의 가을도 생각하겠지요. 하지만 갑자기 진한 옷으로 바꿔 입은 잎들은 사람들을 향해 갈라진 목소리로 유언을 하지요. "사람들이어, 나를 보며 슬퍼하지 마라. 내년 봄 초록의 엽록소로 다시 태어날 것이다." 하지만 아무도 그 말을 알아듣는 사람은 없습니다. 잎은 마침내 숨을 거두고 말았으니까요.

47. 버려둬

지리산 시인 최현은 나름대로 도(道)가 텄습니다. 그가 말하는 도란 '내비도(道).' '그냥 둬' 라는 말입니다. 자연을 어찌하려 하지 말고 그냥 내버려 두라는 것입니다. 그러면 자연은 알아서 간다 그 말입니다. 자연에 살다 깨달은 지혜지요.

이어령은 '버려둬' 라 합니다. 전 최현의 말인 줄 알았습니다. 그런데 아니네요. 자연이 아니라 한국 여성의 '반짇고리' 문화를 두고 한 말입니다. 반짇고리는 버리는 곳이 아니라 버리지 않고 두는 곳이지요. 언젠가 쓸모 있을 거라 생각하고 기다리는 것입니다. 조상의 지혜가 담겨 있지요.

반짇고리 안에는 바늘, 칼, 헝겊 등 각종 잡동사니들이 들어있습니다. 그래서 웬 쓰레기냐고 말하는 사람도 있습니다. 하지만 다 쓸모가 있지요. 그에 따르면 바늘은 '이어주는 문화' 입니다. 여성을 상징하지요. 이에 반해 칼은 분리시키는 문화입니다. 남성을 상징하지요. 헝겊은 헌 것이지만 그것들을 칼로 자르고 바늘로 이어 아기를 위해 배내옷을 만듭니다. 배내옷은 주로 어른의 헌 옷을 잘라 만듭니다. 어른이 아이를 보호한다는 뜻도 담고 있습니다. 작지만 의미 있는 작업이지요. 그러니 쓸모없다고 마구 버리지 마세요. 반짇고리 안에 고이 모셔두면 훗날 의미 있게 사용될 수 있을 것입니다. 옛 어른들은 말합니다. "얘야, 버리지 마라. 버려둬."

'내비도. 버려둬.' 지금 젊은이들이 이 말을 알아들을 수 있을까요? 아마 먼 옛날 얘기처럼 들리겠지요. 세월은 그렇게 세대를 가릅니다.

48. 한 번 사는 삶, 그것이 후회 없는 것이라면

당신은 좀처럼 화려해 보이지 않는다고 말하지만
나비의 눈으로 보면 너무 화려해서
머리가 어지러울 지경입니다.
당신은 빛나지 않는다고 말하지만
그 모두 겸손을 입은 말입니다.
나비의 눈으로 보면 당신은 너무 빛나
눈을 뜰 수 없습니다.
당신은 정말 빛나는 존재입니다.
그러니 절대 깎아서 말하지 마십시오.
그 화려함이, 그 빛남이
때로는 먹힐 위험 신호가 되지만
사랑하는 자들은 그 위험을 감수합니다.
그것은 마지막 기회일 수 있으니까요.
한 번 사는 삶, 그것이 후회 없는 것이라면
모든 것을 내던질 수 있습니다.
용감하기엔 너무 연약하고
사랑하기엔 너무 짧지만
그래도 온 우주를 안는 힘으로
화려하게 빛을 발합니다.

당신은 그 순간을 위해 일생을 바칩니다.
그러니 결코 작다 하지 마세요.
자꾸만 숲 밖으로 밀어내지 마세요.

49. 우리에게 미래는 사치일까

척하면 알 것 같은데 기억의 가장자리에서 맴돌다 사라진다. 기억도 나이가 드나싶다. 한쪽에선 별거 아니니 어서 포기하라 한다. 꺾을 수 없는 꿈인데 어찌 그리 하겠는가.

나타나지 않는다고 화낼 일은 아니지. 그냥 기다리면 될 일이다. 그래도 보이지 않으면 훌훌 털고 일어나겠지. 마음을 접고 나면 홀가분해 질 수도 있다. 하지만 지금은 그 때가 아니다.

기다림이 오래가면 목이 빠지고, 언어도 순수함을 잃겠지. 그것은 바라지 않는 상황이다. 더 상하기 전에 마음 접을까 생각도 일어서지만 한쪽 구석에선 지치고 말라버린 기다림을 어찌 살릴 수 있을까 전전긍긍한다.

그래, 가뭄에 목이 타는 것이야 어찌하겠는가. 마음도 마른 논두렁처럼 쩍쩍 갈라지니 어찌 하겠는가. 그래도 하늘 바라보며 높이 뜬 구름 조각 하나 둘 세어봐야지. 그래서 사람이지.

시간이 가면 그 모든 것들이 지나가고, 새롭게 핀 꽃들이 들에 만발하겠지. 하지만 지금 그것은 꿈이다. 너무 지친 사람들은 앞일까지 생각하지 말자고 한다. 우리에게 미래는 사치일까.

사람들은 오늘을 살아내랴 바쁘고, 지난 것일랑 되새길 여유가 없다. 기억에서 과거가 지워진지 오래고, 지금이 금이 된지 오래다. 현재는 한 발도 미래에 자리를 내주지 않는다.

먼 미래야 우리 몫이 아닐 수도 있지. 하지만 돌아서면 금방 올 미래까지 애써 잊으라니. 정신 나간 것은 아니겠지. 그런데 눈을 질끈 감고 있다. 다시는 뜨지 않을 것처럼. 여보게들, 그러지 말고 이제 손을 잡자고. 그래야 꿈도 꾸고, 쩍쩍 갈라진 마음에 단비가 내리지 않겠나.

50. 주님, 우리는 제대로 살고 싶습니다

주님, 보고를 드립니다.
간밤에 길가를 지키던 등은 한 숨도 자지 않고
보초를 섰습니다. 그 성실함을 따를 수 없지요.
눈 한번 끔쩍이지 않고 그 큰 어둠에게 경고를 했습니다.
빛의 화살이 널리 퍼지면서
사람들은 겨우 안정을 찾을 수 있었습니다.
그 빛난 역할을 잊을 수 없습니다.

그런데 한 줄의 소식을 읽고 그만 울음을 삼켰습니다.
지진으로 갈라진 세상은 파괴와 죽음으로
혼비백산한 모습이었거든요.
전쟁도 그치지 않아 아이들은 갈 곳을 모르고
그들을 돌볼 부모의 그림자조차 보이지 않습니다.
아픔과 설음조차 쉴 자리를 잃었습니다.

사람의 마음도 동과 서로 갈라졌습니다.
화합의 길은 점점 멀어져 갑니다.
서로를 인정하지 않으니 앞이 보이지 않습니다.
풀잎도 노래하는데 우리는 왜 노래를 부르지 못할까요.

함성과 구호가 거리를 제압하고
욕심과 이기가 넘실댑니다.

주님, 지친 가슴을 안정시켜 주십시오.
갈라진 것들이 하나가 되도록 길을 열어주시고
모두 다 자기를 내려놓고
겸손하게 사는 방법을 가르쳐 주십시오.
더 이상 거짓이 이기지 못하게 하시고
우리의 기도가 헛되지 않도록 깨워주십시오.
그리고 들의 풀잎처럼 일어나
당신을 바라보며 노래하게 해주십시오,

주님, 우리는 제대로 살고 싶습니다.

51. 안개가 무리지어 달려온다

마석을 지나자
아침 안개가 무리지어 달려온다.
군무를 하려는 걸까 말을 걸려는 걸까
산 넘고 또 넘어
짙은 숲과 깊은 계곡을 지나
마침내 우리 가슴을 뚫고 지나간다.
죽었다 싶었는데
바람처럼 사라지는 뒷모습이
꼭 여인의 치맛자락 같다.
무엇에 홀린 듯 서 있는데 아무 답도 없다.
흔적도 남기지 않는 너를 향해
자꾸만 손 흔드는 나무 잎을 보니
그 사이 정들었는가 싶다.
숲은 그렇게 안개로 얼굴을 씻고
아무렇지 않은 듯 고요하다.
해가 뜨면 그 얼굴을 마구 들어 보이며
싱그럽다 뽐내겠지.
등성이 타고 힘겹게 올라온 해에게
무슨 말을 먼저 할까.

안개 소식을 전할까 아니면 모른 채 할까.
나도 청평을 만나면 마석을 보았다 할까 말까.

52. 검은 욕심이 나를 찌르고 아프게 한다

그를 친구로 여기지 말자 몇 번이나 다짐을 했다.
그런데 그는 허락도 없이 내 안에 둥지를 튼 뒤엔
오히려 주인 행세를 해댔지.
손님이 되어버린 나는 당황스럽다.
어쩌다 이렇게 되었는고.
어느 날 나는 그의 초대를 받았다.
파티 장에 들어갔지. 조심스럽게.
그것은 유혹이었어.
그의 웃음은 황홀했고
모두들 그를 칭송하기에 바빴다.
너무 달라진 모습에 나도 슬그머니
그의 손을 잡고 말았다.
순간 모든 것이 마법처럼 바뀌었다.
꿀 송이처럼 달던 그의 말은 독이 되었고
그는 바알이 되어 호령하고 있었다.
돌아갈 수 없는 다리 앞에서
흐느끼는 사람들이 보이는가.
포로들이지.
차라리 가지 말 것을.
오늘따라 검은 욕심이 나를 찌르고 아프게 한다.

53. 우리는 그저 당신과 함께 했을 뿐인데

오늘은 당신이 던진 사랑의 줄을 잡고
저 멀리, 하늘 끝까지 날아오르고 싶습니다.
거짓 없는 요청에 마음 빼앗긴지 오랜데
기다릴 것이 무에 있겠습니까.
그저 당신을 향한 믿음 하나로
하늘 열차에 오르는 것이지요.
오늘은 당신의 호흡에 맞춰
온 우주를 돌고 싶습니다.
당신의 숨이 느려지는 곳에서 잠시 쉬며
다음 역으로 갈 준비를 하겠습니다.
당신이 힘차게 깃발을 올리면
우리는 지체 없이 뛰쳐나갈 것입니다.
기쁨이 소리치며 환희가 꽃을 흔듭니다.
무엇으로 보답을 해야 할지요
갚을 길 없는 마음은 겸손을 배웁니다.
우리가 저 하늘 푸른 강가에서 춤을 추며
쉼 없이 삶을 노래하게 될지 미처 몰랐습니다.
우리는 그저 당신과 함께 했을 뿐인데 말입니다.

54. 영혼을 일깨우기에 부족함 없는 사랑

혹시 누구를 사랑해본 적 있나요? 사랑을 하는 순간부터 삶이 달라집니다. 그 사람이 지금 무엇을 하고 있을까 생각하고, 그가 좋아하는 모든 일에 관심을 두고 그리워합니다. 사랑은 사람의 마음까지 바꿉니다. 묘약이 따로 없습니다.

혹시 그 분을 아시나요? 그는 아픈 영혼을 사랑하고 있습니다. 그 말에 귀 기울이고 아픔까지도 곱게 쌉니다. 그리고 그가 기뻐할 수 있다면 모든 것을 주고자 합니다. 또한 순간순간 그의 눈을 바라봅니다. 소통하고 싶기 때문입니다.

혹시 그 분을 만나고 싶지 않으신가요? 그가 말한 적 있어요. 우리가 어둠 가운데 있을 때 먼저 사랑을 펴겠다고요. 아마 우리는 지금 그 사랑으로 살아가는지 모릅니다. 우리는 지금 그 사랑이 필요합니다. 영혼을 일깨우기에 부족함 없는 사랑.

55. 겨울을 닫고 봄을 여시는 주님께

겨울을 닫고 봄을 여시는 주님, 우리 가슴에 피어날 새 잎과 꽃을 생각하니 마음이 환해집니다. 이 사월에는 더 주님의 마음을 읽고 닮아가게 하옵소서. 구겨진 마음은 풀고, 맑고 밝고 올곧게 자라게 하옵소서.

주님, 지금 우리는 샤론의 언덕에 섰습니다. 자연은 광대하신 주님을 찬양하고, 바람은 하늘 향기를 전합니다. 그럴 때마다 우리는 모두 하나 되어 주님을 바라봅니다. 주님, 말씀하옵소서.

주님, 우리는 고향을 떠난 적이 없습니다. 그러나 지금 그 고향은 멀리 있고, 들려오는 소식은 봄이 아닙니다. 문은 굳게 닫혀 있고, 정적만 감돌고 있습니다. 시온을 그리워하는 사람들의 마음을 이젠 조금 알 것 같습니다. 주님, 우리로 하여금 고향을 잃지 않게 하옵소서.

주님, 이젠 무너진 성을 다시 세우고 떨어져 나간 것들에 새 옷을 입히고 싶습니다. 우리와 우리 자손의 손으로 모든 것을 정비하고, 그 땅에 하늘의 뜻을 수놓고 싶습니다. 그러나 주님이 우리와 함께 하지 않으신 한 우리는 그 어느 것도 할 수 없습니다. 우리를 불쌍히 여겨주옵소서.

주님, 주님이 굳건히 세우실 내일을 보고 싶습니다. 당신의 일꾼들을 보내시어 꿈을 이루게 하시고, 당신의 느헤미야를 보내시어 무너진 것들을 세우게 하옵소서. 당신의 에스라를 보내시어 예배가 회복되게 하옵소서. 이곳이 수문 앞 광장이 되게 하옵소서.

주님, 우리는 주님을 갈망합니다. 우리는 주님이 필요합니다. 마른 나무보다 더 진한 갈급함으로 주님을 찾게 하시고, 우리 영이 오직 주로 인해 기뻐하게 하옵소서. 이제 우리 입을 열어 주님을 찬양하고자 합니다. 마음을 열어 주님의 말씀을 듣고자 합니다. 주여, 우리와 함께 하옵소서. 우리의 영을 이 봄과 함께 새롭게 해 주시옵소서.

56. 마지막 순간까지 빛 되신 주님을 바라보며

우리는 큰 빛이신 주님을 바라보며 살았습니다.
당신은 마음이 여린 우리를 품에 안아주시며
의의 걸음을 걸으라 하셨습니다.
코흘리개 투정도 사랑으로 거두고 키우셨습니다.
부정과 부패가 마당까지 밀려와 악취를 풍길 때
공평과 정의의 깃발을 들고 거리로 나가게 하셨습니다.
빛의 아들은 그렇게 자랐습니다.
주님은 우리를 빛과 소금이라 하시고
세상을 비추고 녹으라 하셨습니다.
세상을 살리라는 그 명령 앞에 우린 주먹을 불끈 쥐고
전진하고 또 전진했습니다.
지치고 힘들어도 걷고 또 걸었습니다.

이제 그 젊던 우리가 노병이 되었습니다.
세상은 아직도 부정과 부패로 썩어가고 있습니다.
우리는 의의 방패를 놓지 않을 것입니다.
모세의 지팡이를 높이 들 것입니다.
우리의 힘이 한 조각 남아있을 때까지 외칠 것입니다.
그래서 완전히 녹아진 소금이 되겠습니다.

마지막 순간까지 빛 되신 당신을 바라보며
빛의 사자로 살겠습니다.
당신의 거룩한 자녀가 되겠습니다.

57. 신용이 짐 싸고 도망을 갔구나

길가에 앉자 노인들이 말을 한다.
“비가 와야 쓸 텐 디. 그래야 꽃이 피지.”
그들은 봄을 기다리고 있었다.
오후에 비가 온다는 말을 듣고 우산을 준비했다.
가뭄에 목마른 나무들이 춤을 추겠구나.
아침엔 그래도 구름이 끼어 믿음직했지. 암, 첨단 예보인데.
그런데 오후 들어서자 햇볕이 난다.
하늘에 난이 일어나지 않고서야 그럴 수 있나.
기대가 무너지자 믿을 놈 없는 세상만난 것 같아 씁쓸하다.
오는 주일엔 비가 온다고 했으니 그때까지 참자.
“아저씨, 비를 기다리시나 봐요?”
아니야. 온다고 약속했으면 와야지.
그래야 거짓 없는 세상이 되는 거지.
“아저씨. 예보를 믿지 마세요.
요즘 하늘도 변덕이 심해요.”
아이고. 신용이 짐 싸고 도망을 갔구나.

58. 사무실은 지금 사열 중이다

사무실 문을 여니
벽 위에 지도 한 장 걸려있다.
세상을 짊어졌는데도 한 번도 무겁다 말하지 않는다.
그 안에서 아시아가 연지를 바른 채 웃고 있다.
지도 아래 자리한 화분이 긴장을 했는지 차렷 자세다.
그런데 쑥쑥 자란 풀잎들이 자꾸만 손짓을 한다.
무엇을 말하려는지 알 수 없지만
가까이 가서 눈이라도 미주해 줘야겠다.
장 안에 든 파일도 나에게 신호를 보낸다.
구석구석에 접히고 눌린 자국이 뚜렷하다.
혹시 상처를 입은 것은 아니겠지.
책 몇 권이 옆에서 보초를 서고 있다.
그래도 친구가 되어주니 고맙지 않니.
역사의 자취가 될 회의록도 인사를 한다.
그래 넌 끝까지 남아 후세에 전해야 돼.
잠시 침묵이 흐른다.
사무실은 지금 사열 중이다.

59. 세상에 그냥 피는 꽃은 없다

봄꽃도 겨울잠을 자야 핀다.
긴긴 밤 아무도 눈치 채지 못하게 잠을 잔다.
꽃눈은 여름부터 준비를 해두었다.
자 없이도 빛의 길이를 재며
몸으로 온도를 느끼며 깰 때를 기다린다.
줄기 하나에도 시차를 두고 꽃을 피우는 것은
내가 꼭 해야 할 일이다.
곤충을 유혹하려면 색도 바꾸고 향기도 바꿔야 하니
꿀잠은 사치다.
이런저런 생각이 밀물과 썰물처럼 오가면
가난한 서생은 잠을 이루지 못한다.
삶 자체가 도전이다.
세상에 그냥 피는 꽃은 없다.
겨울을 설득하지 않으면 눈서리 되게 맞고
색색의 헌사를 올리지 않으면
오던 봄도 토라질까 마음 졸인다.
월동에 들어가면 누가 애써 찾아올까만
그 새라도 숨 고르지 않으면 힘든 날이 올 것이다.
바람이 나를 깨울 때까지 푹 자자. 모두 잊어버리고.

60. 이제야 알았습니다

이제야 알았습니다. 지금이 얼마나 귀한 지를. 우리 인생의 봄과 여름, 그리고 가을과 겨울은 수없이 지나갔습니다. 하지만 이번 봄과 여름, 그리고 이 가을과 겨울엔 우리 안에 꽃이 피네요.

이제야 알았습니다. 지금껏 우리가 바라던 것이 무엇인지를. 이제 와서 늦었다고 후회하며 아쉬워하는 것은 아닙니다. 그동안 우리에게 주어진 것들을 모두 인정하고 감사할 때가 왔음을.

이제야 알았습니다. 지금이 얼마나 소중한 지를. 우리에게 남은 시간이 얼마 없다 하더라도 이젠 귀하게 여기겠습니다. 지금이 바로 금이니까요.

61. 더 늦기 전에

사람만 늙어가는 것이 아닙니다.
옆집 양도, 외양간의 소도 늙어갑니다.
어제 걸었던 들의 풀도, 나무도 늙어갑니다.
내가 밟던 흙도 늙어가고 커다란 암석도 늙어갑니다.
저 산도 늙어가고 그 앞 바다도 늙어갑니다.
집들도 늙어가고 도시도 늙어가고
심지어 국가도 늙어갑니다.
어디 그뿐입니까.
가족도 늙어가고 관계도 늙어가고
옷도, 책도 다 늙어갑니다.
그 시끄럽던 정치도 경제도 늙어갑니다.
세상에 늙어가지 않는 것이 없으니
더 늦기 전에 말을 하세요.
그것이 가슴에 심겨 당신을 기억할 것입니다.

62. 열매를 보고 네 이름 부른다 한들

매화인지 벚꽃인지 헷갈려 하는데
매화가 불쑥 말을 건다.
"선생님, 저는 가지에 꼭 붙어있어요. 저를 보세요."
벚꽃도 싱글벙글 웃으며 말한다.
"저는 긴 꽃자루에 달려있답니다. 이렇게요."
그래도 주춤하는 나
그놈이 그놈 같고, 고 녀석이 요 녀석 같다.
이 꽃이 그 꽃 같은 사람에게 이름을 알아 뭐에 쓸까.
매화 자리에 매실이 달리고,
벚꽃 자리에 버찌가 달려야
비로소 "아 하" 하겠지.
요즘 농사꾼은 매실 따기 쉽게 나무키를 낮춘다는데
사람들은 순리를 거스른 일이다 입을 모은다.
키 작은 너를 보며 매화나무라 하면 화가 나겠지.
난 부쩍 이런 말을 한다.
"요즘 세상에 매화에서 버찌가 열릴지 어찌 알리."
매화든 벚꽃이든 그저 기뻐 맞으리라.
열매를 보고 너를 안다 한들 뭐가 늦을까.
사람도 마찬가지다.

63. 아하와 강에 은빛여울 인다

빛이 비처럼 쏟아지는 아침이다.
봄꽃이 무리지어 인사를 한다.
나도 눈을 맞추며 마음을 전한다.
이렇게라도 마주할 수 있으니 얼마나 좋으냐.
어디로 걸음을 옮길까 생각하는데
강이 밤 새 쓴 초대장을 내민다.
너무 길어 다 읽을 수 없다.
강가 모래밭도 금빛 환영사를 건넨다.
확실한 초대다.
이런 날은 무거운 마음 내려놓고 걸어야겠다.
때론 둔덕에 올라 길게 팔을 펴며 너를 마주하리라.
네 미소가 가장 아름다울 때
하늘 창고에 숨겨둔 남색 옷을 꺼내 줄 것이다.
천사들은 기뻐 노래하겠지.
그 순간 아하와 강에 은빛여울 인다.
겨우내 얼었던 설움도 녹아 흐른다.
그렇게 긴 겨울은 갔다.

64. 오늘이 마지막인 것처럼

인생의 마지막을 안다면 달라질 것은 확실하다. 모든 것 용서하기로 결심하고, 오랜 동안 미뤄왔던 난제와도 화해한다. 마음을 비운다는 것은 결코 쉬운 일이 아니지만 지금은 더 이상 여유 부릴 때가 아니다. 미워하는 것도 사치다. 차근차근 정리하고 떠날 것이다.

더 좋게 말하고, 칭찬도 아끼지 말자. 생명의 끈이 얇아지는데 인색하게 굴 것도 없지. 곳간을 열어 있는 데로 내어주자. 움켜쥐지 않고 푼다는 자체가 행복한 거지. 좀 더 시간이 주어진다면 좋으련만. 누가 시간을 짧게 만들었을까. 어찌 늦게야 이런 맘이 들까.

표를 바꿀 순 없다. 애원한다고 들어주지도 않는다. 시간은 모래알처럼 쑥쑥 빠져나간다. 마음이 급해진다. 나중엔 가벼운 먼지만 남겠지. 그 땐 내 몸도 날아갈 것이다. 마지막 순간 나는 하늘을 바라볼 것이다. 짙푸른 하늘이 내게 무슨 신호를 보낼지 궁금하다.

시간이 성큼성큼 다가온다. 괘종은 재깍거리며 압박 수위를 높인다. 소리에 집중하면 아무 생각도 할 수 없다.

초침이 목 줄기를 타고 힘겹게 넘어간다. 조용히 눈을 감는다. 심장이 무섭게 방망이질을 한다. 이제 때가 왔다.

마침내 시간이 폭파된다. 모든 것이 끝난 거지. 이것이 마지막인가. 순간 놀란 내가 입술을 깨물며 벌떡 일어난다. 꿈이다. 꿈. 가슴을 쓸어내리며 두 손을 모은다. "하나님, 이게 마지막이 아니었군요. 허락하신 오늘은 지난날보다 더 값지게 살게요. 오늘이 마지막인 것처럼."

65. 이처럼 비 오는 날엔

숲에 비가 내리면 나는 커피를 들 것이다.
뜨겁게 다려낸 것으로 두어 잔 냉큼 비울 것이다.
나야 하루에 한 잔도 많다 할 만큼 인색하지만
오늘 같은 날엔 살짝 경계를 넘어도 좋다.
목마른 숲이 손을 맞아 기운을 차릴 것이니
내사 그것으로 살 맛 난다 하지.
요즘 세상 어찌 돌아가는지
알다가도 모를 지경이 되었지만
어깨 두드리며 어찌 잘 지내고 있느냐 물으면
여기저기서 눈물 훔치는 모습 보인다.
바쁜 일상은 일찍 뒤로 물리고
너와 내가 토방에 단출히 앉아
처마 밑으로 떨어지는 저 비 소리 들으며
하늘이 전하는 비밀을 읽어내자꾸나.
어쩌다 서로 생각이 맞으면
비도 땅과 맞장구치며 파열할 것이다.
그 때 졸려서 하품을 하던 오후도
깜짝 놀라서 눈을 크게 뜨겠지.
애야, 커피는 다 되어 가느냐.

네 잔도 가져와 함께 더 마시자꾸나.
이처럼 비 오는 날엔

66. 주님의 강은 우리를 춤추게 한다

그 날 그의 기도는 달랐다. 사람들은 금식하며 아하와 강가에 서 있었다. 그는 하늘을 향해 두 팔을 벌리고 겸비의 옷을 입고 기도의 자리로 나아갔다.

그런 모습은 처음이 아니다. 평안을 비는 기도가 한참 진행되는 사이 이곳저곳에 불이 떨어졌다. 돌발 상황이다. 사람들은 두려워했지만 난 그것이 기도 때문임을 알았다. 하늘을 감동시키는 기도는 다르다.

사람들은 기쁨 가득한 그의 얼굴을 보며 깊은 평안을 얻었다. 그 순간 내면에서 강물이 넘실대기 시작했다. 저러다 요동치면 어떡하나. 하지만 그 춤은 결코 멈추지 않았다.

사람들은 손등으로 흐르는 눈물을 훔치며 속으로 더 깊게 빨려 들어갔다. 에스라의 기도는 그렇게 지속되었다. 기도는 하늘을 움직이게 한다. 주님의 강은 우리를 춤추게 한다.

67. 높이 뜬 구름은 재촉하지 않는다

눈을 감는다 해서 문제가 해결되는 것이 아님은 이미 알았다. 그래도 더 이상 붙잡아둘 수 없다면 차라리 없는 셈 치는 것이 속 편할지 모르지.

이따금 들려오는 소리가 있지만 그런 정도는 집 나간 과거가 멈칫 뒤돌아보다가 돌부리에 걸려 넘어진 것으로 치자. 시간이 지나면 상처도 나아질 것이니.

보지 못하면 숨넘어갈 것 같은 기다림도 이젠 지쳤는지 소식이 뜸하다. 그래도 아무 일 없이 잘 살아있는 것 보니 마음 넉넉하게 잡는 방법을 터득했나 보다.

잘했다, 잘했어. 누가 부러 일러주지 않아도 살면서 조각이 절로 맞춰지는 것도 있지. 그러니 아등바등하지 말고 마음 느긋하게 먹고 살자. 옷도 느긋하게 입고, 밥도 천천히 먹자.

높이 뜬 구름은 재촉하지 않는다. 우리도 그리 하자.

68. 가파도 가는 날

가파도 가는 날
접시꽃 한 아름 안고 갈 것이다.
노란 유채꽃이 그의 붉은 미소를 보며 기뻐하겠지.
꽃은 그렇게 마음을 열어 진한 얘기를 나눈다.
향기가 자꾸만 하늘로 오른다.
구름은 저만치 서서 하얀 미소를 풍선처럼 띄운다.
세상이 이리만 되면 얼마나 좋을까.

가파도 가는 날
때 낀 마음일랑 깨끗이 씻고 갈 것이다.
기다림과 설렘이 서로 잰걸음 치겠지.
파도도 질세라 계속 손을 뻗히면
청 보리들이 몸을 흔들며 합창을 한다.
누가 이 바다에 섬을 심고 꽃을 피울까.
그 섬에 발을 내린다.

가슴이 두근거린다.
오늘은 누가 우리를 맞을까.

69. 그 때 우리 모두의 간절함이 하늘로 오르리니

선택은 긴 기다림 끝에 온다.
저울질하다 지친 표정이 역력하지만
최종 선택을 위해 시간을 더 주기로 했다.
다듬고 빛을 낸 뒤에도 늦지 않으니
그것이 우리의 희망이 되었으면 얼마나 좋을까.
종소리가 정적을 깨뜨리자 목이 메고 심장이 뛴다.
그 순간은 표현이 불가하다.
모두 선택을 축하하고 장도를 빈다.

때론 병든 선택이 되지 않을까 염려되기도 하지만
평가는 후에 해도 늦지 않다.
선택은 존중되어야 한다.
그것이 지금은 비록 작아 보인다 할지라도
하나님은 우리가 알지 못하는 것을 미리 아시고
그 길을 택하도록 하셨는지 누가 알겠느냐.
그 길이 최선의 길이 되게 하시고
너를 통해서 영광 받으실 것이니
어찌 기뻐하지 않을 수 있으랴.
소망의 끈을 아름답게 엮어 기도로 나아가리라.

그러니 너도 그 길에서 최선을 다 하 거라.
그 때 우리 모두의 간절함이 하늘로 오르리니.

70. 기적이 따로 없다

이따금 이런 사람 길 잃고 헤맨다며 문자가 뜬다.
나이는 63, 검은 옷에 분홍 슬리퍼.
그 나이에 집에 돌아오지 않는다니
식구들 속이 검댕이가 되었겠다.
찾았다는 소식은 없고 또 다른 신상이 뜬다.
왜 자꾸 길을 잃는다니?

그런 인생이 어찌 한 둘일까.
어느 땐 나라가 통째로 헤매기도 하지.
헛것에 정신을 잃고, 실성한 이들도 보인다.
먹을 수 없는 것에 입질을 하고
정신없는 소리하면 가슴이 답답해진다.
정치마저 거짓에 사로잡혀 있고
경제는 뜬구름만 잡고 있다.
무슨 수로 제 정신 돌아오게 할까.

그렇다고 너무 가여워하지 마라.
그런데도 우린 아직 살아 있고
하늘을 보며 푸르다 한다.
기적이 따로 없다.

71. 거기까지, 거기까지가 좋다

두 발이 당당할 때
둑길을 지나 숲으로 들어가라.
풀은 두 팔 세 팔 벌리고
꽃들은 너를 행해 미소를 잃지 않으리라.
이런 환영사는 없다.
이것으로 만족하지 못한다면
더 깊숙이 들어가라.
키 큰 나무들이 이곳저곳에서
너에게 악수를 청할 것이다.
그 길고 두터운 정을 뿌리치지는 못할 터이니
그냥 너른 가슴 열어 주면 된다.
세상에 이런 곳도 있나
혹 그런 생각이 들거들랑
여기까지 온 것을 감사하라.

더 들어가면 계곡을 만날 것이고
자꾸만 물들의 속삭임에 빠질 것이다.
거기서 발을 적시며
그들의 찰랑이는 언어를 배워라.

그것을 다 이해할 수 없다 해도
그것과 마주한 것만으로도 너는 행복을 얻은 거다.
그 위에 네 짠 시름 얹어 놓으면
소금처럼 녹아버릴 것이다.

오늘은 더 이상 가지 마라.
숲속 등뼈에 오른 순간
넌 다른 소리를 들을 수 있어.
한꺼번에 너무 알아버리면 신비는 없다.
거기까지, 거기까지가 좋다.

72. 빛이 일어나 어둠을 쓰러뜨리면

잎을 건드리던 바람이
목덜미를 스치며 지나간다.
부드러운 손끝이 길게 간다.
눈 감고 바람의 얘기를 듣는다.
살짝살짝 눈물이 보인다.
태양은 놀라 동그랗게 눈 뜨고 귀를 연다.
무슨 일이 있었던 거야.
하지만 긴 겨울 허물어뜨리고
이젠 자유로운 나비가 된 너를
어찌 내칠 수 있을까.
바다 물결도 포말을 일으키며 춤을 춘다.
푸른 향기가 코끝에 스민다.

밤엔 어둠이 밀려오겠지.
바람도 차갑게 변하고
무서운 그림자들이 춤을 추겠지.
날카로운 이빨과 촉수를 휘두르는 괴물들이
어스름한 빛 아래서 비명을 지르며 서성일 때
우리는 그만 떨게 될 것이다.

어둠 속에 감춰진 공포가 무섭다.

하지만 용기를 내 앞으로 나아갈 때
무서움은 용감함으로 변할 것이다.
빛이 일어나 어둠을 쓰러뜨리면
새로운 날이 문을 열고
바람은 길게 손을 펴 우리를 맞을 것이다.
아주 부드럽게

73. 마침내 저 멀리 안도가 보인다

그런 줄 몰랐다. 날카로운 생각이 그렇게 가까이 있었다는 것이. 그래서 너무 아프다. 베인 가슴은 소리도 지르지 못한다. 아픔이 굵은 선을 타고 급히 흘러들어온다. 어떻게 그를 안도의 섬으로 가게 할까.

감히 물을 수 있을까. 상처로 깊게 패인 눈물에 대해. 그 섯도 아픈 손가락과 결코 놓칠 수 없는 기회까지. 성난 홍수에 쓸려가 자애의 그림자 한 톨도 보이지 않은 그때에 대해.

차라리 묻지 않을래. 물음이 아픔을 도지게 한다면 그것은 횡포가 될 터이니. 의문도 달지 않을래. 입을 꼭 다문 채 상처 아물기를 기다릴 것이다.

시간이 무겁게 지나간다. 자꾸만 시계를 본다. 찔린 상처에 새 살이 돋기 시작한다. 더 붉게. 마침내 저 멀리 안도가 보인다. 햇살 아래로

74. 인생을 보다 넓고 깊게 보게 하신 주님을

주님, 우리를 고봉에 오르게 하시고 인생을 보다 넓고 깊게 보게 하신 주님을 찬양합니다. 우리의 좁은 시야로는 때로 희망이 보이지 않지만 주님의 눈으로 더 큰 나라를 보게 하시며, 이 세상을 뛰어넘는 담력과 능력을 주시니 감사합니다.

우리는 주님이 우리에게 허락하신 삶을 통해 하루를 열고, 삶을 노래합니다. 주님이 그려주신 모범을 통해 악을 피하고 의롭게 살고자 합니다. 때로는 길을 벗어나기도 하지만 주님의 은혜로 되돌아올 수 있게 하신 주님을 발견하고 기뻐합니다. 주님의 사랑은 언제나 큽니다.

인생길에 뼈아픈 하루가 있다 해도 그로 인해 좌절하지 않게 하시며 더 큰 날들을 예비하신 주님께 감사드립니다. 주님의 길을 걸을 때 노래하게 하시며, 주의 기쁨이 되게 하소서. 우리는 주님의 것입니다. 오늘도 주로 인하여 살며, 주를 위하여 살게 하소서. 주를 노래하게 하소서.

75. 마음의 정원엔

마음의 정원엔 바람 잘 날 없다. 진심과 전심으로 질주하다가도 의심에 걸리면 수심이 가득하다. 그 모습에 어미는 노파심으로 가슴앓이 하고 평정심을 잃고 만다.

오늘도 성심에 열심을 더해보지만 온갖 잡심이 들어와 물을 흩어놓는다. 생심에 부심까지 더해지면 초심은 작심삼일로 끝난다.

선심, 청심, 충심 외쳐보지만 이미 흐려진 물은 가슴이 아프다. 그래도 상심하거나 낙심하지 말자. 오늘도 지심을 품은 간절한 기도가 있어 세상은 그런대로 살맛이 난다.

이젠 뚝심으로 걸어가 악심의 끈을 잘라내라. 남아있는 애심과 단심을 불러내 중심을 잡으며 마지막까지 너의 존심을 지켜내라. 그 때 흉심과 오심은 물러가고 천심과 양심이 너와 함께 할 것이다.

바람은 기뻐하고 물은 다시 흐른다. 그 자리에 관심, 유심이 싹트고 안심과 강심이 꽃을 낸다. 이제야 마음 밭에 평화가 왔다.

76. 아픔을 닦아낼 수 있다면

구석구석에 삶으로 굳어진 딱지가 보인다.
아픔을 닦아낼 수 있다면
이유를 묻는 대신
먼저 부드러운 솜으로 다독일 것이다.
상처에 묶이지 않는 인생이 어디 있을까.
현재의 상처에 너무 연연하지 말자.
누가 바람을 애써 붙잡으려 하는가.
오면 오는 대로, 가면 가는대로 놔 둘 일이다.
계곡의 물은 오늘도 상처를 만지며 아래로, 아래로 흐른다.
돌이 많으면 소리를 내어 조심하라 이르고
거칠 것 없으면 잠자는 아이 곁에 선 엄마가 된다.
물도 고요할 줄 안다.
자연은 오늘도 꽃을 피워 아름다움을 익히게 한다.
세상에 아름답지 않은 꽃이 어디 있으랴.
아픔도 상처도 진한 꽃이니
마음을 넓히면 다 잊지 못할 꽃이 될 것이다.

77. 바라는 것이 있다면

바라는 것이 있다면 사람답게 사는 것.
경중에 가장 아름다운 경은 존경이고
절중에 가장 아름다운 절은 친절이고
도중에 가장 아름다운 도는 태도라는데
존경과 친절로 태도를 바로 세울 수 있다면
잘 사는 것 아니겠나.

바라는 것이 있다면 바람처럼 사는 것.
바람은 보이지 않지만 느낌을 선사한다.
상처를 어루만지는 것도 바람이고
감동을 주는 것도 바람이다.
자유도 바람처럼 온다.
오늘도 바람은 간단없이 우리 사이를 오가며
주린 꿈까지 살려낸다.

바라는 것이 있다면 서로 바람이 되어주는 것.
나의 바람이 너를 만나 춤을 추고
너의 바람이 나를 만나 기뻐할 때
우리 모두 삶을 노래할 것이다.
저 높은 하늘을 향해
우리 모두 한 마음 모아.

78. 작은 것을 무시하면 큰 것을 잃습니다

사람들은 작은 것을 아주 쉽게 무시합니다. 그런데 작은 것이 모든 것의 기본이라는 말이 지금도 살아 움직이고 있어요. 무시하면 큰 코 다칩니다. 대지는 무엇으로 시작될까요? 높은 산이라고요? 실은 잘 보이지 않는 작은 모래들로 시작됩니다. 인간은 흙에서 나 흙으로 돌아간다 하지 않습니까. "너는 먼지니라."

사람들은 좋은 인간관계를 좋아하지요. 인간관계, 사실 어렵습니다. 그런데 깊은 인간관계는 작은 인사에서 시작된다는 것 아닙니까. 사랑은 작은 불꽃에서 튀고요.

오늘도 작은 생각이 나의 걸음을 재촉합니다. 생각은 살아있어요. 숨도 쉬고, 커피도 마십니다. 그것이 작은 꿈으로 피어나다가 큰 꿈을 실어 나르기도 합니다. 보세요. 생각은 단숨에 산을 오릅니다.

부모는 아이들이 공부하도록 재촉합니다. "공부해라. 공부." 그렇다고 아이들이 공부합니까. 공부는 작은 관심에서 시작됩니다. 아이가 관심을 가지면 자연 공부에 빠집니다. 굳이 공부하라 말하지 않아도 해요. 밤을 새우기도

합니다. 재미있으니까요. 대성은 바로 그것에서 시작됩니다.

위대한 사람은 작은 것에 숨어있는 위대함을 안 사람입니다. 작은 것을 결코 작게 여기지 않은 것이지요. 지혜는 바로 작은 것을 작지 않게 여기는데 있습니다. 깨달음도 마찬가지입니다. 작은 것을 무시하면 결국 큰 것을 잃습니다. 나도 잃지요.

이제 작은 것을 무시하지 않기로 했다고요? 잘 하셨습니다. 작은 것이 모든 것의 기본입니다. 기본이 선 사람은 된 사람입니다. 이젠 미래의 당신을 기대하겠습니다. 정말입니다.

79. 진품은 파는 것이 아니라네

진품은 최대한 아끼려 한다. 너무 귀해 함부로 보여줄 수도 없지. 내 너를 고이 싸 광 깊은 곳에 꼭꼭 넣어두련다. 아무도 손대지 못하게 못질 단단히 하고 귀인이 오면 한 점 떼 맛을 보여 줄 작정이다. 맛에 취하면 눈가에 별들이 번쩍번쩍 뜰 것이다. 혹 고양이가 다가와 코를 훌쩍이거나 요염하게 굴면 혼쭐을 낼 것이니 아예 기웃거리지 말거라.

진품이 품귀 된 요즘엔 값이 더 올라 비교를 거부하고 정품다운 기품과 고운 자태를 곁들여 그 가치가 날로 치솟고 있다. 어쩌다 눈치 빠른 서생이 가품 하나 내놓고 시세를 재보지만 어찌 제값을 받을 수 있겠는가. 세상에 가짜를 사서 무엇에 쓸꼬. 그런데도 그마저 노리는 도둑이 널려있다. 여보게, 서생. 눈 뜨고 코 베이는 세상이니 몸조심 하게나. 진품은 파는 것이 아니라네.

80. 그럼 나도 어머니 따라 새 옷 입어야지

옷장 깊숙이 새 옷 서너 벌 넣어둔 어머니
언제 입으시나 보니 그냥 두고 저 나라로 가셨다.
그리 가실 양이면 좋은 것 먼저 꺼내 입으실 것이지
그 옷 볼 때마다
자식은 그냥 가신 어머니가 안타깝다.

나도 새 옷을 자꾸만 넣어놓는다.
나도 입지 못한 채 저 나라로 가면
아들 녀석 한 소리할게 뻔하다.
새 옷부터 입으시지.
넣어두지 마시고 자주 입으실 것이지.

오늘따라 어머니 생각난다.
어머닌 왜 입지 않고 가셨을까.
하늘나라 가서 새 옷 입으시려는 걸까.
그럼 나도 어머니 따라 새 옷 입어야지.

81. 혹시

혹시 요즘 꽃들이 몹시 아프다는 소식 들었나요?
미세먼지로 기관지가 많이 상해
목소리를 제대로 내지 못합니다.
꽃들의 합창이 예전 같지 않은 것도 다 이유가 있군요.
공연 스케줄도 자꾸 바뀌니 그런 줄 아세요.

혹시 꽃대가 성하지 않다는 말 들어보셨나요?
바람 따라 이리저리 움직이는 것은 기본이고
그것이 운동이 될 것이라 생각했는데
무릎은 약해지고, 허리도 굽어져 예사롭지 않습니다.
이젠 병원에 가봐야 하는 것 아닙니까?

혹시 간밤에 인 찬바람과 우박 보셨나요?
꽃잎이 바닥에 즐비한 것 보니 전장 터 같습니다.
손 한번 잡아주지 못했는데 이렇게 마감을 하다니요.
꽃은 죽어서도 붉습니다.
눈에서 붉은 눈물이 뚝뚝 떨어집니다. 가슴 아프게.

82. 인생길 만만치 않으니

차들이 삽시간에 도로를 점령했다.
늘 그랬듯이 먼저 온 자가 땅을 차지한다.
버스는 덩치를 자랑하며 머리를 들이민다.
뒤질세라 작은 차들도 자리를 덥석 문다.
신호등은 빨간 눈을 부라리며 경고한다.
질서를 어기는 자는 가차 없이 처단한다.
정지한 차들이 가쁜 숨을 몰아쉰다.
그러다 심장 터질라. 바쁠수록 쉬어가라.
급하면 돌아가는 것도 상책이다.
상대를 밟는 일은 허락되지 않는다.
밀치기는 반칙이다.
존중하지 않는 자는 존중받지 못한다.
성질이 급해 발을 동동 구르려거든
아예 길을 나서지 말거라.
인생길 만만치 않으니 신호 받고 가거라.
그래야 산다. 알겠느냐.

83. 모두가 물러선 그 자리에

금빛 햇살 쏟아지는 이른 아침
새 두어 마리 긴 가지에 걸터앉아 노래를 부른다.
또렷이 굴러오는 그 소리에
잠든 무의식이 벌떡 일어선다.
그 새를 못 참은 여름이
긴 장대를 휘두르며 훠이, 훠이 소리 지른다.
놀란 새들이 노래를 그치고 그만 날아가 버린다.
외로운 가지는 더 길게 팔을 뻗으며
자꾸만 어서 돌아오라 손짓한다.
그 뒤론 아무 소리도 들을 수 없다.
숲은 그만 입을 닫고 말았다.
푸른 꿈조차 멀어지며 옅어진다.
모두가 물러선 그 자리에 여름이 외롭게 앉아있다.
그래 내가 뭐랬냐.
갑자기 화를 내는 것 아니라 했잖아.
심술궂은 여름이 더 뜨겁게 우리를 데운다.
그러다 모두 익어버리면 어떻게 될까.
점점 여름이 두려워진다.

84. 오늘도 버려야 할 것들을 더 묶어

고개를 반올림하여 바라보면 아직 채 작별하지 못한 것들이 이따금 보인다. 빛이 바래고 찢긴 흔적이 역력하다. 어떤 것은 깨진 조각처럼 남아 둔덕을 이루고 있다.

도대체 무엇일까 궁금한 새들이 입으로 쪼아보지만 좁처럼 먹을 것은 나오지 않는다. 기억할 가치조차 부여받지 못했다면 그것이 낭만이든 아니든 상관없이 눈 밖에 난 지 오랜 터인데 다시 불러 무엇에 쓸꼬.

그러니 조용히 가던 길 가게 하시게. 오늘도 버려야 할 것들을 더 묶어 한 차 태워 보낼 것이니 그리 알게나. 낙엽처럼 떨어질 몸이니 끝은 송가로 마무리해 주게.

나야 마음 다잡으며 서 있을 것이니 마지막 예우는 해야 하지 않겠는가. 그 이상은 주문하지 않을 것이니 염려 놓으시게. 그것이 살아있는 자의 할 일 아니겠는가.

85. 아무나 맡을 수 없는, 그러나 너무나 강한

밤새 소금에 절인 기도를 오늘 아침 하늘로 보냈다.
천성 입구엔 일찍부터 날선 기도로 북적인다.
성미 급한 녀석이 길을 막고 소리를 지른다.
그만 하시게나. 여기선 분노가 통할 리 없으니.
기다리면 부르시겠지. 메시지를 주시던지.
하늘은 얼마나 마음이 넓고 자상하신가.
누구에게나 기회의 문은 열려 있지만
주인의 마음을 얻긴 어려워
천사들은 오늘도 작은 신음에 귀를 기울인다.
때로 급한 기도가 앰뷸런스에 실려 오면
하늘병원은 응급처치로 바쁜데
무릎 꿇은 기도가 향기로 피어나자
모두 기쁨을 감추지 못한다.
이 어둔 세상에서 하늘과 통하는 자 누구인가.
곳간을 활짝 열어 사랑을 비워내면서도
온 마음 다해 사람 살리고 생기를 불어넣는,
저 기도엔 오늘도 하늘을 움직이는 향이 있다.
아무나 맡을 수 없는, 그러나 너무나 강한

86. 할머니 손은 약손이잖아

오늘따라 하늘이 몹시 배가 아픈가보다.
우글거리는 배 틀어쥐고 어찌할 줄 모른다.
참다못해 울음처럼 토해내는 소리가 천둥으로 변한다.
저러다 폭발하면 어쩌지.
저러다 미치면 어쩌지.
구름도 커튼을 넓게 펴 가려보지만
아픔까지 숨기지 못한다.
시간이 가면 가라앉겠지.
다들 숨죽이며 때를 기다린다.
아이는 놀라 창문을 꼭 닫고 방으로 숨는다.
천둥은 외로운 고함이 되고
우글거림은 진한 아픔이 된다.
그 소리에 아이는 좀처럼 잠을 이룰 수 없다.
그런데 깜빡 조는 순간 빛이 창으로 들어온다.
도대체 무슨 일이람.
하늘은 언제 그랬느냐는 듯 시치미를 뚝 떼고 있다.
아무래도 할머니가 그 새 다녀가신 것이 틀림없어.
할머니 손은 약손이잖아.

87. 더 이상 울지 않게 하시고

나는 아무 것도 가진 것이 없습니다. 나에겐 아무런 힘이 없습니다. 당신은 그것을 아십니다. 그럼에도 내가 당신 앞에 선 것은 나의 소리에 귀를 가리지 않고 두 팔을 벌려 안아주시기 때문입니다. 그 크신 팔에 나를 뉘입니다. 내 마음에 남은 작은 읊조림을 띄웁니다. 그것이 당신에게 아무 도움이 되지 않겠지만 나를 향한 당신의 사랑은 그 마저도 외면하지 않고 듣고자 합니다. 그래서 용기를 내어 드리오니 팽개치지 마시고 사랑으로 귀 기울여주세요. 저에게 바람이 있습니다. 울음으로 가득한 이 세상 더 이상 울지 않게 하시고, 더 이상 슬퍼하지 않게 해주십시오. 우리 마음이 울음으로 소멸하기 전에 더 당신을 향하게 하시고 우리를 견딜 수 없는 악으로부터 구원해주십시오.

이제 한줌 남은 선한 생각을 당신께 드립니다. 그동안 사랑으로 익힌 감사까지 담았습니다. 우리의 전부이오니 주저함 없이 받으시기 바랍니다. 당신을 향한 순수입니다. 어려운 때 힘을 주신 당신께 정중히 드릴 마지막 선물입니다.

88. 그는 늘 하늘 지성소의 커튼을 열고

혹시 속마음까지 거칠게 쏟아낸 적 있습니까.
사람들은 무서워하지요. 어떻게 된 것 아닌가.
가까이 하지 않을 겁니다. 안색부터 달라지지요.
그런데 그 모두를 안고 사신 분이 있습니다.
아무리 부르짖어도 묵묵히 받아냅니다.
"그래 다 쏟아 내거라. 얼마나 힘드니.
삶이 다 그런 것이다."
그가 침묵을 했으니 다행입니다.
호통 치며 벼락을 내릴 수 있기 때문이지요.
그럼에도 그는 결코 그렇게 하지 않습니다.
그가 누구냐고요. 우리 아버지이십니다.
세상은 호락호락하지 않습니다.
하지만 그는 늘 하늘 지성소의 커튼을 열고
우리를 기다립니다. 그래서 난 고백하지요.
"이제 당신의 말씀을 기억하고 끝까지 붙잡습니다.
당신은 우리의 구원이시고 능력이십니다."
한 뼘밖에 되지 않는 삶이 고통스러울 때
저는 아버지를 만납니다. 그럼 세상이 달라집니다.

89. 하나님, 제발 우리를 살려주세요

화가 났다. 화가 났어.
며칠 전엔 하늘 둑을 터뜨려
온 천지를 물바다로 만들더니
요즘 열기를 확확 뿜어댄다. 숨 막힌다.
오죽하면 '끓는 시대가 왔다' 소리치겠나.
사람은 이래 치이고, 저래 죽어나간다.
이렇게 힘이 없는지 처음 알았다.

긴급 뉴스가 뜬다. 기후특보다.
북극엔 점점 빙하가 줄고 남극엔 비가 내린다.
기후변화가 아니라 기후재앙이다.
해안도시가 물에 덮이고
건물도 더 이상 키 자랑 못할 것이라 한다.
그쯤 되면 이름 없는 섬은 지워지게 생겼다.

아이고, 하나님. 우리가 무슨 잘못을 했나요.
산소 자리에 탄소 채우고
질소 가지고 놀았던 때문인가요.
경제 한다며 탐심 키우고
정치한다며 도둑질 일삼은 때문인가요.

기도는 잊어버리고
높은 자리에 올라 설교만 하려 든 때문인가요.
이래저래 죄밖에 생각이 나지 않습니다.

하나님, 제발 우리를 살려주세요.

90. 친절이 정중하게 문안을 한다

쌤님, 안녕히 주무셨어요.
친절이 정중하게 문안을 한다.
갑자기 빛이 폭죽처럼 쏟아진다.
환대는 때로 넋을 잃게 한다.
그래도 좋다.

잠이 덜 깬 아이처럼 휘청하자
얼른 팔을 붙든다.
언제나 조심하세요. 지방을 넘을 땐.
머쓱해진 걸음이 금방 정신을 차린다.
꽃들이 날 보며 웃는다. 됐어.

호기심도 기웃기웃한다.
뭔가 궁금한 게야.
아이들이 한편이 되어 응원을 한다.
관심을 두지 않던 것들도 바라본다.
친절은 그들을 안으로 모신다.
긴장의 끈이 하나씩 풀어진다.

모두 자리에 앉자

친절은 고개를 숙이며 감사부터 한다.
여러분, 친절 나라에 오신 것 축하드립니다.
힘들수록 끝까지 함께 가요.
이것이 제 소원입니다.
모두 고개를 끄덕인다. 암 그래야지.

91. 이런 들판이 너무 좋습니다

풀이 욱어진 길이 보입니다.
저는 이런 들판이 너무 좋습니다.
숨길 것도, 부러 뽐낼 것 없이
모두 자연으로 한 식구가 되었으니
그만하면 된 것 아닌가요.
때로는 수줍은 들꽃이 발자국처럼
여기저기 널려있어 상상을 불러일으킵니다.
어떤 것은 지난 것들의 역사가 되고
어떤 것은 희망의 첫 가사가 되기도 합니다.
그것이 무엇이든 자연이 되고, 자유를 입었으니
큰 점수를 준다 해도 과히 놀라지는 않겠지요.
오늘 그 그림 속에 내가 있습니다.
그 안에서 길을 걷고 또 걷습니다.
때로는 아무 생각도 하지 않는 것처럼 보여도
많은 생각들이 요리조리 오가고
이따금 감탄과 경이가 춤을 춥니다.
내일, 당신이 이 길 위에 있을지 모릅니다.
그렇담 꼭 안부를 전해주세요. 사랑한다고.

92. 오늘을 단단히 묶으며

요즘 판이 몹시 기울었습니다.
한쪽으로 몰리면 모두 깊은 물에 빠지겠지요.
균형을 잡는 것도 어렵습니다.
사는 것이 살얼음판이 되었습니다.
구린내 나는 정치로 동네가 시끄럽습니다.
욕심이 냄새를 피우니 힘들 수밖에요.
참을 줄 알고 보듬을 줄 알아야 하는데
네 탓만 하니 보기에도 민망합니다.
후쿠시마 오염수 삼중수소가 뉴스에 올랐네요.
일본 수산물 걱정이 대단합니다.
프랑스, 중국 원전은 더 하다니 할 말이 없습니다.
원폭 시험에 자연은 이미 삼중수소로 물들었고,
육류보다 수산물이 안전하다니 어찌 합니까.
여태껏 산 것이 기적입니다.
힘들면 힘든 데로, 소란하면 소란한 데로
오늘을 단단히 묶으며 살아갑니다.
장하지 않습니까. 상을 줘야 하는 것 아닌가요.

93. 반성도 없고 동정심도 없다면

외눈박이 논리가 갑자기 찾아왔다.
합리적 의심, 어쩌고 하며 푸념이 심하다.
데카르트가 살아왔나 돌아보니 의심병 환자다.
자기는 맞고 남은 틀리다 우긴다.
패거리를 동원해 세를 불린 뒤 겁을 주려 한다.
애야, 나더러 네 논리를 믿으라고?
차라리 논바닥에 미끄러지겠다.
그 정도 했으면 미안한 줄 알아야지,
그래도 논리는 눈 깜짝하지 않는다.
절대로 지는 법이 없다.
반성도 없고 동정심도 없다면
친구 할 이유가 없지.
애야, 회초리 가져와 이놈을 피 나게 때려라.
다신 얼씬도 하지 마라.

94. 나는 그의 답을 이미 알고 있습니다

오늘도 풀밭을 가로지르며 걷습니다. 그곳에 누우면 하늘도 나를 마주합니다. 하늘과 대화를 하면 마음도 푸르러집니다.

긴 호흡으로 그의 속까지 흡입해봅니다. 순식간에 하늘의 모든 것이 내 안에 들어옵니다. 갑자기 부자가 되었네요. 하지만 전 하나도 가진 것이 없습니다.

그럼에도 불구하고 과감히 가졌다고 말합니다. 하늘을 소유했으니 부러울 것이 없습니다. 나더러 가난하다 해도 무례하다 하지 않겠습니다. 두 손에는 고운 기쁨이 가득하니까요.

풀이 긴 입술을 펄럭이며 말하네요. 친구를 하니 그런 기쁨을 얻는 거라고. 반은 맞고 반은 틀린 것 같습니다. 정답이기도 하고 아니기도 하지요. 왜냐고요? 하늘의 말을 들어봐야 하니까요.

하늘은 금방 답을 주지 않습니다. 그래도 나는 그의 답을 이미 알고 있습니다. 웃는 것을 보았거든요. 그 이상 좋은 답은 없습니다.

95. 그들은 결코 죽지 않았다

사람들이 자꾸 떠난다.
한 주간을 사이에 두고
세 사람이 앞서거니 뒤서거니 하늘로 갔다.
며칠 뒤 한 분이 소식도 없이 갔다.
서두를 것 없지 싶은데 바삐 간 이유가 궁금하다.
하늘에 일 난 것이 틀림없어.
한 사람은 빈소 마련도 거부했다.
사람들 불러다 빈손으로 보내기 아쉽고
생과 사로 마주하니 가슴 아픈 탓이다.
살아서 나눈 대화가 재산으로 남고
베푼 사랑이 그리움으로 쌓인다.
너무 멀어져 버린 것이 견딜 수 없어
죽음을 향해 소리를 지르는 이도 있다.
그래도 한쪽엔 믿음이 굳게 서 있고,
하늘에선 금빛이 쏟아진다.
구름이 흰옷을 입고 행진을 한다.
그 사이 사이로 떠난 자들의 모습이 보인다.
그들은 외롭지 않았다. 그들은 결코 죽지 않았다.

96. 온 세상이 꽃 판이다

새로 피어난 꽃 가슴 가득 안고
사랑이 성큼성큼 걸어온다.
순수가 엷은 미소로 반응한다.
경건도 두 손을 펴며 기뻐한다.
강물이 길을 내자 나무들의 합창이 시작된다.
아름다운 선율이 하늘을 가른다.
지금이 지그시 눈을 감고 소리를 듣는다.
그렇지, 네가 없다면 우리는 없다.
산 자의 꿈은 언제나 살아있는 것
가슴이 뛰면 눈을 더 크게 떠 너를 볼 것이다.
꽃을 아낌없이 나눠주며 웃는 사랑니가 예쁘다.
빨간 꽃, 보라 꽃, 붓꽃이 여기저기 피어난다.
저마다 환영인사를 한다.
온 세상이 꽃 판이다.
잔치가 따로 없다.

97. 우리라도 너를 기억해야 하지 않겠느냐

판금이가 구름다리를 건넜다.
파란만장한 삶 접고 갔다.
모진 세상 때문에 그렇게 가슴앓이 하던 네가,
마음 닫은 친구 보며 그렇게 열을 내던 네가
어찌 그리 쉽게 갈 수 있었는가.
아직도 똑 부러진 네 음성이 귀에 쟁쟁하다.
시 한 줌 네게 묶어 보냈을 때
고맙다 금방 전화 주던 넌데
네 가는 길에 어찌 시 한 수 아끼지 않으랴.
머리로 치면 따를 자 없고
불쌍히 여기는 마음이 늘 앞지른 넌데
세상은 자주 너를 냉대했다.
하지만 고얀 세상 탓하지 않고
조용히 눈을 감았으니
우리라도 너를 기억해야 하지 않겠느냐.
잘 가시게.
풍진 세상 잊고 쉬엄쉬엄 가시게.

98. 세상사 고맙지 않은 것이 없다

거리를 걷다 정류장 긴 의자에 앉았다.
안방 아랫목처럼 따뜻하다.
열선이 깔렸다.
찬 기운 잠시 잊으라 한다. 고마운 거.
눈을 드니 길거리 전광판에 글이 줄줄이 뜬다.
온도 마이너스 3도, 미세먼지 보통
주의할 것도 뜬다. 고맙기도 하셔라.
일어나 다시 길을 걷는다.
길목에 닿자 신호등의 눈동자가 바쁘다.
안녕하세요? 잠깐 정지입니다.
그래 고맙다. 가던 길 멈추고 심호흡한다.
집에 돌아와 책상에 조용히 앉았다.
책이 나를 바라보고 있다.
오늘도 지혜롭게 사세요. 말을 건다.
세상사 고맙지 않은 것이 없다.

99. 시간은 태양의 목을 잡아끌고

썰물이 남긴 공간에서
밀려난 것들을 생각하며 앉아있다.
손짓하며 떠난 그것에 미련 두지 말자 해놓고도
자꾸만 그쪽을 바라보는 것은 무슨 마음일까.
그러나 시간은 그냥 가지 않는다.
태양의 목을 잡아끌고 자꾸만 바다에 빠뜨리려 한다.
어디 그렇게 해서 죽겠느냐만
그래도 무슨 일이 날 것 같아 조바심친다.
이윽고 밀물이 달려오기 시작한다. 무슨 일일까?
갈매기는 춤추고 사람들은 지켜본다.
그 너른 공간을 다 차지한 바다가
새 세상이 왔음을 공포한다.
아니, 그 사이에 무슨 일이 일어난 거야?
태양이 붉은 눈물을 흘리며 이별을 고한다.
결국 그렇게 되는구나.
낙조는 그냥 보내기 쉽지 않다.
두 눈으로 바라봐야 한다. 잠깐이라도

100. 우리는 증거하며 산다

한껏 예쁘게 보이려 한다면 건강하다는 증거다.
아침에 기도를 했다면 영이 살아있다는 증거다.
인사를 해온다면 마음이 열려있다는 것이고
머리를 깊이 숙였다면 그만큼 존경한다는 증거다.
두 손까지 내밀었다면 기뻐 환영한다는 것이고
좋은 소식을 전하는 것은 너를 사랑한다는 증거다.
밥을 같이 먹는다는 것은 한 식구가 되었다는 것이고
열심히 대화하려 한다면 너를 그만큼 생각한다는 것이다.
사랑한다고 말했다면 당신과 함께 하고 싶다는 증거다.
욕을 하는 것은 토해낼 것이 많다는 것이고
남을 미워하는 것은 자기를 죽이고 싶다는 증거다.
운동을 한다면 내일도 건강하게 살고 싶다는 것이고
목숨을 건다고 말하는 것은 그만큼 좋아한다는 증거다.
해를 바라보는 것은 우주의 일원이 되겠다는 것이고
별을 헤는 것은 숨은 별 하나까지 찾겠다는 증거다.
오늘 친구를 보려는 것은 내일도 보고 싶다는 증거다.
우리는 산다. 증거하며 산다.

101. 그래도 고운 미소로 응답하는 너

나무들이 울긋불긋한 옷으로 갈아입었다.
입술엔 연지곤지 바른 자국이 선명하다.
그 모습에 사람들은 넋을 잃는다.
어찌 네가 그리 달라질 수 있다는 말인가.
혹시 마지막 잔치를 벌이는 것은 아니겠지.
혹시 각박한 세상을 경고하는 것 아니겠지.
그 옷들이 마르고 닳아지면 산은 너를 버리고
긴 침묵으로 들어갈 것이 확실한 데
그 사이에 우리 눈은 잠시 호사를 누리며
가을의 현란한 유혹에 빠진다.
나무들은 마법에 걸린 채
잎들을 요란하게 몰아세우겠지만
무엇하나 건져올 것 없는 가난은
결국 너를 지치게 할 것이다.
그래도 고운 미소로 응답하는 너
화려한 춤까지 아끼지 않는 너
겨울엔 너를 생각하며 오래오래 기다릴 것이다.

102. 빛의 속삭임은 오늘도 계속된다

하나님이 하늘 등불을 키셨다.
온 천지가 밝다.
큰 어둠은 부끄러워 몸을 숨기고
작은 어둠만 그림자로 남아있다.
아직도 검은 소식이 잔잔히 들려오기는 하지만
포성도 지쳐 멈출 것이다.
그 땐 모두들 춤추겠지.
자유는 오랜 기다림 끝에 오는 법
공평과 정의가 숨 쉬면
가슴에 빛이 쏟아질 것이다.
마침내 달라진 모습에
서로를 보며 웃겠지.
하늘 등불은 더 밝게 타오르며
세상을 비출 것이다.
더 이상 어둠을 그리워하지 말자.
그것은 너를 사랑하지 않아.
그의 거짓에 속지 말기를.
빛의 속삭임은 오늘도 계속된다.

103. 역사는 나무가 지킨다

강화도 가는 길은 늘 길고 비좁다.
조기 몸 통 줄로 매듯 차들이 길게 서 있다.
기다림에 몸도 꼬이고 마음도 지친다.
그쯤에 우린 겨우 다리를 건넜다.
그리곤 동막 해변으로 거침없이 달려갔다.
해가 붉은 눈물을 흘리며 우리를 지켜봤다.
녀석도 참, 울긴 왜 울어.
전망대에 오르니 북녘이 지척에 있다.
개성이 고향인 친구의 목에 힘이 오른다.
고향은 쉽게 잊히지 않는 법
발로 갈 수 없다면 눈으로 가면 된다.
대동강에 배 띄우자던 친구는 먼저 하늘로 갔다.
뭐가 그리 바빴던고.
광성보에 올라 병인양요 신미양요 올려본다.
역사는 말이 없고 포대만 묵직하게 앉아있다.
둘레 길 소나무가 아는 체 한다.
역사는 나무가 지킨다. 아무 말 없이

104. 찬바람 이는 둔덕에 서서

주님, 찬바람 이는 둔덕에 섰습니다. 이곳에 설 때마다 두고 온 북산가가 떠오릅니다. 그발 강가에서 고향을 그리워하던 이들처럼 절절한 기도와 주님을 향한 찬양도 귀에 쟁쟁합니다.

여러 지체들이 이미 우리 곁을 떠났습니다. 말과 혀로만 아니라 행함과 진실함으로 엮은 사랑입니다. 그 이름 앞에서 옷을 여밉니다. 우리는 그들의 이름을 돌에 새기고, 결코 잊지 않으려 합니다. 주님을 향한 그들의 순전함과 강인함은 그 어느 별보다 빛납니다.

북산 언덕에 핀 사랑의 꽃들은 시들지 않고 더 붉게 향을 냅니다. 주님의 사랑이 깊게 밴 향기입니다. 지금은 강을 넘고 골짝을 지나 온 누리에 퍼지고 있습니다. 우리도 그 길을 갑니다.

주님, 북산가에서 불렀던 찬양이 그립습니다. 기도가 그립습니다. 두 손을 높이 올려 주님을 찾던 그 마음으로, 지금 주님의 이름을 부릅니다. 영광을 받으시옵소서. 찬양을 받으시옵소서. 주의 이름만 영원하옵소서.

105. 따뜻하게 팔을 붙잡고

나설 땐 아무 말 하지 말자.
따지지 말고 더 다독이자.
따뜻하게 팔을 붙잡고
한 줌 미소 뿌려보자.
마음이 녹을 때까지.

왜 왔는지 묻지 말자.
지금 함께 있음에 감사하고
상처 난 자리에 약을 바르며
속으로 기도하자.
나을 때까지.

어떻게 살 건데 묻지 말자.
아픈 세월로도 답이 충분한데
깨물어 상처 낼 이유 없다.
활짝 핀 마음 건네며 기다리자.
향기로 적실 때까지

106. 구겨진 것들을 멀리 흘러 보내면서

하루가 멀다 달려오는 까치는
그만큼 건강하다 싶다.
때론 그가 무슨 생각을 하는지 궁금하다.
갑자기 유리창에 부딪힌 참새는
정신을 잃고 쓰러졌다.
그래도 어쩌다 눈을 뜨는 것 보면
정신 들 때가 있구나 싶다.
마음을 심하게 다친 두루미는 매사 조심하더니
지금은 흐르는 강물에 발목을 적신다.
구겨진 것들을 멀리 흘러 보내면서.
멀리 간 기러기는 외로움을 내려놓지 못하고,
산으로 간 부엉이는 구름과 벗하고 있다.
옛것을 종종 낚아 올리던 황새는
요즘 다른 친구와 짝하며 춤을 추고 있다.
만나서 종종 노래하면
사랑하는 법도 배우겠지.
이 너른 세상에서.

107. 그는 몰랐다

그는 촘촘한 방어선을 뚫고
모두가 잠든 시간을 기다렸다.
어느 누구도 눈치 채지 못하게
공간을 점령하며 유령처럼 움직였다.
소리는 최대한 죽이고
빈틈이 보이는 곳에 내려 앉아
순식간에 마취제를 뿌린 뒤
빨대를 깊숙이 꽂는다.
그것이 그의 타고난 공격 술이었다.
사람들은 무방비 상태에서 완전히 당했다.
분노가 분연히 일어나더니
전투병들은 온 천지를 돌며
전리품을 만끽하는 그를 찾아내고야 만다.
예고도 없이 폭격을 받은 그는
소리도 지르지 못한 채 피투성이가 되었다.
그는 몰랐다.
남을 아프게 하면 죽는다는 사실을.

108. 내 너를 위해 끓인 따끈한 것이니

이젠 마지막 편지를 흔들며 마무리를 한다.
함께 한 정을 단칼에 끊어내고
등을 돌릴 때 얼마나 힘들었을까.
낙엽은 그렇게 우리 곁을 떠났다.
떠나는 것이 어찌 그뿐일까.
가을도 소리 없이 가니 그저 놀랄 따름이다.
산마루 식당에서 한 끼 식사라도 했다면
조금은 서운하지 않았을 것이다.
바람이 분다.
가지조차 꺾으려는 듯 매섭게 분다.
이미 폭설로 점령당한 성도 있으니
내사 너무하다 말하진 않겠다.
그래도 한마디 전해주고 싶은데
그것을 받을 수 있을지 궁금하다.
바람은 계속 불고
겨울은 차디찬 얼굴로 우릴 바라보고 있다.
내 너를 위해 끓인 따끈한 것이니
가슴에 담고 먼 길, 그 먼 길 가려무나.

109. 나는 결코 이 땅을 떠나지 않을 것이다

전혀 옮기는 것과 상관없이 살 줄 알았는데
갑자기 이삿짐을 싸서 도망하듯 가버린 그가
동쪽 끝에서 연락이 왔다.
세상이 변했다며 걱정을 한다.
이 땅에 평안을 심어 가꾼다 한들
어찌 편안히 앉아 그 열매를 먹을 수 있겠는가.
사람들은 먹어서는 안 될 것에 중독되고
도시는 병들어 처방이 불가하다.
이곳저곳에 폭발음이 들리고
폐허된 땅에 울음이 가득하다.
사람들은 사방으로 달아나기 시작한다.
어느 하나 그 땅을 사려들지 않는다.
예레미야가 오면 무슨 말부터 할까.
책을 편다. 그림이 보인다.
그런데 그 어디에도 희망은 보이지 않는다.
아, 그래서 네가 나에게 말을 하는 거였구나.
그렇지만 나는 결코 이 땅을 떠나지 않을 것이다.
네가 기쁨으로 돌아올 때까지

110. 꿈꾸며 기다려라

다 놓고 가거라.
하얀 기다림도 이젠 끝이다.
눈 감으면 보이는 것이 많아
더 이상 바랄 것이 없다.
붙잡지도 말거라.
이미 해는 중천에 떴고
우리는 그보다 더 높은 하늘에 앉아
자꾸만 올라오는 기억들을 건지며
지난 시간을 정산하고 있다.
부러 말하지 않아도
우리는 스스로 고백하며
더 깨끗하게 태어나고 있다.
우리가 거할 땅은
도저히 생각이 미치지 못할 곳이어서
미리 설명할 필요도 없다.
너희도 올 곳이니 꿈꾸며 기다려라.
네 이름 부를 날이 있을 것이니
그 때 붙잡고 춤춰도 늦지 않으리라

111. 포기하지 않는 끈질김으로

쉼을 주었던 땅이 잿빛으로 몸살을 앓자
새들은 그만 멀리 날아가 버렸다.
더 이상 숨조차 쉴 수 있는 곳이 아니란 말이지.
이곳저곳에서 적색 신호를 보내보지만
누구 하나 관심을 주지 않는다.
길은 도망자로 가득하다.
이미 기능을 상실한 육체는
자꾸만 한쪽으로 기울며 운명의 시간을 기다린다.
희망의 실타래가 끊어지려는 바로 그 때
갑자기 보이지 않는 손이 우리를 잡아끈다.
포기하지 않는 끈질김으로 다가서서
이 땅에 다시 생명을 불어넣는 순간
우리는 더 이상 버림받지 않고
구겨진 삶으로부터 비상할 것이다.
그 날이 오리라.
구원이어서 눈물이 나고
은혜여서 감사가 넘치는 날.
우리 모두가 바라는 찬란한 그 날이.

112. 세상은 때로 무정하게 흐르는가 싶지만

가을은 미련의 그림자 하나 남기지 않은 채
뒤도 돌아보지 않고 가버렸다.
매정한 것.
쓴 맛이 한 동안 입가에 맴돌지만
정든 시간도 아무 말 없이 널 놓아주었다.
바람이 칼을 빼며 달려드는 데
누가 그것을 막을 수 있겠어.
파란 잎까지 덩달아 떨어진 것 보면
오죽 놀랐을까 싶다.
땅은 네가 남긴 아픔을 만지며
그만 눈물을 흘리고 말았다.
그것은 어쩌면 네게 줄 수 있는
마지막 송가였겠지.
세상은 때로 무정하게 흐르는가 싶지만
그 속에는 깊고 긴 사랑이 배어있어
별도 잠 못 이루는 때가 있다.
겨울이 찾아와 회유한들
이미 굳은 네 마음, 어찌 풀겠는가

113. 사는 것이 그토록 가슴 저리다면

경제야 우리가 마지막까지 살려야 할 재목인데
겨우 남은 기운은 마른 나무처럼 타버리고
전표는 힘이 빠져 무게감조차 잃었다.
간간이 단감으로 유혹해보지만
시간이 가면 그것도 씨알이 먹히지 않을 것이다.
기대조차 점점 서산으로 기울면
이젠 상점주인도 밖을 보는 것이 두렵다.
삶은 여유가 있어야 하는 법
힘들수록 서로 다독여야 하지 않겠느냐.
사는 것이 그토록 가슴 저리다면
시장을 찾아가 통사정을 해야겠지.
지금껏 맞바람 맞으며 살았으니
그 끝은 조금 화려해야 하지 않겠소.
그래도 괴롭힐 양이면 우리도 할 말은 해야겠지.
땅이 기울고 밤과 낮이 오락가락하게 해도
기억해 다오.
우린 지금 그 속에서 열심히 뛰고 있다는 사실을.

114. 모두 아무 말 없이 가버린 후

아무도 유언을 남기지 않았다.
족두리 쓴 새는 북녘으로 가 소식이 없고
봄가을 부산을 떨던 다람쥐도 자취를 감추었다.
열심히 호미질 하던 할머니도 보이지 않는다.
가을도 낙엽처럼 바람에 쓸려가 버렸다.
모두 아무 말 없이 가버린 후
궁금한 사람들끼리 만나 소식을 묻는다.
시간은 오후를 향해 한발 한발 걸어가고
커피 잔은 조금씩 식어간다.
그러나 삶의 비밀코드는 발견되지 않는다.
그렇다고 체념과 포기로 김치를 담을 순 없지.
비장의 양념을 꺼내들면
코를 드미는 녀석도 있을 터.
그 때 숨겨둔 것들을 하나씩 꺼낸다.
아무도 모르게, 아주 조심스럽게
언어들이 줄줄이 묶여 나오며
빛의 환영을 받는다.
그것이 삶의 마지막 기호였음을 안 것은
먼 훗날이었다. 아주 먼 훗날.

115. 다시 보기

깨진 꿈
구멍 난 생각들
아무도 받아들이지 않은 제안
쓸모없다며 팽개쳐진 것들
그것은 한 통 쓰레기였지.
몰래 피부에 파고든 이물질처럼.
그런데 하룻밤 새 변하고 말았다.
눈이 펑펑 내린 아침
그 모두가 흰 모자를 쓰고 나타났어.
그것도 하늘의 밧줄을 타고
춤을 추듯 내려왔지.
사람들은 놀라 밖을 보며 소리를 질러댔지.
그것은 신음이었는지 몰라.
그동안 무시했던 것에 대한 반성이랄까.
다시 보기 시작했다.
미세 현미경보다 더한 초미세 현미경으로.
놀라지 마.
모두 펄펄 살아 눈이 되었다.

116. 굳이 이 길을 따라오려거든

모든 것이 그리움으로 남을 때
우린 마음의 붓을 들고 그림을 그린다.
비록 세련과는 거리가 멀어도
누구에게 선물해줄 것이 아니어도 좋다.
좀처럼 잊히지 않을 색을 두텁게 입혀
지친 가슴을 통째 점령하도록 하자.
오로지 골진 생각으로 배고파하고
마음 조리는 그것으로 배불리며
사랑이 아니면 결코 쓰지 않을 필치로
적지 않은 감동을 이름처럼 부를 터이니
멀리 가지 말고 숨죽이며 기다려라.
기도하는 마음으로 살면 좋다.
외진 그 이름을 기억하면 더 좋다.
추위도 우리의 고집을 밀어내지 못할 것이니
누구도 이 충만한 그리움을 이길 수 없음이라.
굳이 이 길을 따라오려거든
무겁게 진 짐 모두 내려놓고 천천히 오시게나.

117. 그가 내어준 생명으로 인해

여보게, 오늘 하루는 온전히 비워두게나.
거룩한 목마름으로 주소를 바꾸고
빛의 옷자락을 붙잡으며
천상의 노래를 목청껏 불러야 하지 않겠는가.
감히 입으로 부를 수 없는 그분 앞에
무릎 꿇을 때마다 저절로 눈물이 나네 그려.
절망으로 흔들리는 세상에서
우리 모둘 반석 위에 두시니 어찌 잊을까.
그 앞에 서는 순간마다
그가 내어준 참 생명으로 가슴 뛰고,
비록 손에 가진 것이 없다 해도
그가 우리를 위해 지불한 것만으로도
우리의 영은 이미 부요하지 않은가.
아무 걱정하지 말게나.
당신은 이미 그분을 통해 약속 받았으니
누가 이 잔치의 기쁨을 빼앗을 수 있겠는가.

118. 그런데 그것이 답이었습니다

그게 아니었어요.
동전 두 닢으로 닫힌 마음을 열진 못해도
그냥 느린 열차를 타고
스무 고개쯤은 넘을 수 있었을 것입니다.

그게 아니었어요.
나이가 들면 건강을 장담할 수 없어도
두 뼘 길이의 사랑만으로
더 높이 날 수 있었을 것입니다.

사랑, 감사, 기쁨이 사는 곳에는
금방 닿을 수 없다 해도
그리로 두 발짝만 앞으로 가도
세상이 달라지는 것을.

우리는 뒤늦게 말하곤 하지요.
"그게 아니었어요."
그런데 그것이 답이었습니다.

119. 내일은 우리에게 어떤 시간이 찾아올까요

시계는 초침도 내려놓지 않고 또박또박 걸어가고 있습니다. 이제 몇 날이 지나면 새로운 해가 새 옷을 입고 뛰어오겠지요. 금년은 왜 이렇게 빠르게 뛰어갈까요? 이제 시작인가 했는데, 벌써 열두 번째 고개를 넘고, 이젠 며칠만 나뭇가지에 대롱대롱 달려 금방 떨어질 것 같습니다. 마감 종이 울리면 금년도 자리를 내주고 떠나야 합니다. 우리도 자리에서 일어나야 하겠지요.

동네 어귀에서 음악으로 사는 사람을 만났습니다. 나도 발표회 때 숨죽이며 그의 목소리를 들은 적 있습니다. 헤어지기 전 그는 세월 얘기를 꺼냈습니다. 우린 나이 들수록 시속이 빨라진다며 웃었습니다. 돌아서는데 짝 잃은 새가 휙 지나갑니다. 그에겐 시간이 참 느릴 것입니다. 그리고 한 무리의 식구가 나를 세우며 손자를 소개합니다. 아기는 늘 귀엽습니다. 그런데 아기는 전혀 시간을 의식하지 않는군요. 그에겐 시간이란 개념이 없습니다. 시간은 그저 어른들 몫이지요.

곧 제야의 종소리가 퍼질 것입니다. 곳곳에서 셋, 둘, 하나를 세며 금년을 얼른 떼어 보내고 신년을 맞을 것입니다. 폭죽이 터질 때, 모두 얼싸 안으며 기뻐하겠지요. 그런데 감격하는 쪽은 대부분 친구나 연인들입니다. 그 때 사랑하는 사람과 함께 있다는 것이 기쁘다는 것이지요. 그들에게 시간은 단지 조연일 뿐입니다.

오늘도 전쟁 소식은 그치지 않고 있습니다. 폭탄이 떨어지는 땅에 시간은 피를 말립니다. 일분일초가 생사를 가릅니다. 그곳에서 일초는 세상에서 가장 긴 시간일 것입니다. 우리는 지금 이런 지구에서 살고 있습니다. 사랑하기에도 모자란 시간에 왜 서로 미워하며 살아야 할까요? 사람이 무섭습니다. 그것을 되돌릴 사람은 왜 없는 것입니까.

시간은 그렇게 흘러가고 있습니다. 내일은 우리에게 어떤 시간이 찾아올까요? 그 시간 속에 담긴 맛은 과연 무엇일까요? 그것이 궁금합니다. 혹 시간이 아픔을 선사할까봐 덜컥 겁이 납니다. 하지만 지금 깊이 잠든 내자의 잠은 깨우지 마세요.

120. 조급은 한시도 놓아주지 않고

조급은 한시도 놓아주지 않고 잡아 뜯고 흔든다.
목덜미까지 잡히면 숨도 제대로 쉴 수 없다.
마음 밭은 마른 대지처럼 쩍쩍 갈라진다.
주변도 성치 못하다.

배고픈 조급은 계속 낚싯대를 드리운다.
미끼에 걸린 오늘이 찢어질 듯 몸부림친다.
과연 벗어날 수 있을까.
해가 눈을 크게 뜨고 바라본다.
바람도 숨죽이며 기다린다.

그 순간 메시지가 날아든다.
가까이 가지 마세요.
미끼는 절대 물지 마세요.
당신은 살아야 해요.

121. 사람들은 기다립니다

요즘 사랑을 받는 것이 있습니다.
선함이 능력이 되고, 인정을 받는 것이지요.
그 속에 착한 마음씨, 선한 이웃이 보입니다.
세상이 다 그런 그림이라면 얼마나 좋겠습니까.
그런 날이 빨리 왔으면 합니다.

그런데 교묘한 위장술이 문제를 일으킵니다.
너도 나도 길목에 서서 선한 체 합니다.
거짓이 치장하니 믿음은 설 곳이 없네요.
그것은 절대 아니지.
사람들은 지쳐갑니다.

바라는 세상은 어디쯤 오고 있을까요.
고도를 기다리듯 사람들은 기다립니다.
선이 주인이 되는 세상,
거짓이 좀처럼 설 수 없는 세상
그래서 모두가 기뻐하는 세상을.

122. 빛이 살아 기운이 넘칠 때

참새가 볕이 든 마루에서 쉬고 있다.
발은 이리저리 총총 뛰고
입은 맛을 쪼며 기뻐한다.
이것이 세상사는 맛 아니겠나.

길고양이도 양지에 웅크리고 앉아있다.
뚝뚝 떨어지는 빛을 온 몸으로 받으며
흔들림 없이 자리를 지키고 있다.
그래 빛은 한 톨도 버리지 마라.

날이 기울면 떠나야겠지.
그러니 빛이 살아 기운이 넘칠 때
함께 기뻐하며 실컷 누리게나.
그것이 내일 너의 힘이 될지 어찌 알겠나.

123. 네가 그렇게 기다리던 세계를

시간은 독재자다. 채찍을 들고 겁박을 한다.
말을 듣지 않으면 끝까지 쫓아올 셈이다.
도망칠 수 없는 자는 고통스럽다.
초침마저 긴 창을 들고 매섭게 달려든다.
용서라는 글자는 좀처럼 보이지 않는다.
여유가 누릴 공간은 아예 없다.
사람들은 그런 나라를 싫어한다.
본질상 그쪽 체질도 아니다.
그럼에도 살아야지 생각하며
기계처럼 복종하기를 반복했다.
그것이 세상의 모든 것인 것처럼.
하지만 아닌 것은 아니지.
자. 이제 깰 때가 되었다.
하늘이 일어나 소리를 지를 것이니
그 땐 기쁨을 안고 울어야 한다.
공포가 그치고 새 날이 열리는 순간에.
네가 그렇게 기다리던 세계를.

124. 내 안의 평화로

요즘 잠 못 이루는 병사가 늘어난다.
포탄이 언제 날아들지 모르니 잠이 올 리 없지.
잠을 빼앗긴 날은 패전의 기운이 역력하다.
들쥐들도 길을 잃고 야단이다.
마음이 편해야 잠이 오지.

틈틈이 햇빛을 만나라는 지시가 내려온다.
비타민 D를 정시에 공수하니 놓치지 말라 한다.
하지만 무턱대고 벙커를 나서다가는 큰 코 다친다.
해는 구름 너머에 살고 비바람은 시샘이 심하다.
적진 앞에선 고개조차 내밀 수 없다.

의사를 찾아가니 정신과다.
아니, 잠 안 온다 했는데 무신 정신과래.
처방을 보니 불면증에 우울증 약도 있다.
잠 때문에 마음이 상한 건지
마음이 상해 잠이 아니 오는 건지 헷갈린다.

이것 다 먹으면 중독되지 않을까요.
걱정이 하나 더 붙었다.

그래서 상사 몰래 잘라 먹고 빼먹는다.
처방대로 먹지 않는데, 과연 잠이 올까.
마음대로 하면 안 되지.

비책이라며 동료들로부터 쪽지가 날아든다.
그것에 잠시 희망을 걸어보지만
한 번 집 나간 잠은 돌아올 줄 모른다.
오늘 밤은 쾌히 잠을 청할 수 있을까.
내 안의 평화로

125. 우리 안에 주의 생명이 넘치고

언제나 풍성함으로, 사랑으로 공급하시는 주님, 이 새해를 주님과 함께, 사랑하는 지체와 함께 시작하게 하심을 감사드립니다.

우리가 온 마음으로 드리는 찬송과 예배, 기도, 그리고 생활에 이르기까지 삶의 곳곳에서 주님을 기억하고 주께 영광 돌리며 감사가 넘치게 하옵소서.

아무리 세상이 어지럽고 험하다 해도, 아무것도 보이지 않는 어둠 속에서도 주님을 놓치지 않는 저희 되게 하시고, 주님으로 인해 가슴 뛰고 벅찬 우리 모두이기를 소원합니다.

한결같은 사랑으로 우리를 붙드시는 주님, 우리 모두에게 하늘의 부요함을 더 하사 우리 영혼이 날로 주의 것으로 풍성하게 하시고, 우리 모두가 진정 하나님의 종들로 주 앞에 더 낮아지고 새롭게 하여 주옵소서.

이 한 해 우리가 어디에 있던지 주의 날개아래 두시며, 하늘의 지혜를 허락하사 이 땅에서 주의 나라를 세우는 귀한 종들이 되게 하옵소서. 주님을 더 알고자 하는 종들에게 힘을 주셔서 배우고 아는 기쁨이 넘치게 하시고, 하루마다 삶의 모습이 달라지게 하옵소서.

우리 모두 하나님의 자녀임을 고백합니다. 오늘 하루도 주의 자녀로서 지치지 않는 열정과 감격으로 살게 하옵소서. 주님으로 인해 우리 안에 주의 생명이 넘치고, 내일이 희망이 되게 하옵소서. 감사드리며 예수님의 이름으로 기도하옵나이다. 아멘

126. 그것이 다 우리의 빛나는 인생 아니겠느냐

비틀어진 나무를 보면
모진 풍상이 얼마나 그를 아프게 했을까 싶다.
조각난 바위를 보면
갈라지기까지 얼마나 지치고 괴로웠을까 싶다.
몽당연필들을 보면
그렇게 곱던 시절을 어찌 잊고 살까 싶다.
아무도 눈여겨보지 않는 겨울 논밭을 보면
봄을 기다리며 산다는 것이 무엇인가 싶다.
하지만 세상에 의미 없는 것은 없을 터.
사람이 살지 않아 무너질 것 같은 집도
분칠하고 앉아있는 시골의 자갈길도
이젠 키마저 작아진 동네 아저씨도
다 한 때가 있었던 것 아니겠는가.
지난 일은 그리움으로 남고
현재는 과거와 미래 모두를 안고 신음하고 있다.
그래도 내일은 태양을 밀어 올리며 뜰 것이니
울지 말거라.
그것이 다 우리의 빛나는 인생 아니겠느냐.

127. 옛 이야기에 새 이야기를 섞어

올해도 계동 곰탕집에 모였다.
지난 해 어떻게 살았는지 꿈같은 데
그래도 살았으니 이리 만나는 것 아니겠는가.
심장 때문에 병원에 입원한 학수가
기사회생한 이야기를 풀어놓는다.
옆 사람의 숨소리가 고르지 못함을 보며
만 가지 생각이 들었다며
주머니를 확 풀어 우리를 대접했다.
곰탕 맛이 진하다.
식사를 끝냈는데 그냥 가면 섭섭다며
순구가 모두를 붙잡더니 커피 집으로 몬다.
스타벅스에 들어서니 만석이다.
쫓기듯 나와 안국 역 입구 허름한 이층집에 올랐다.
그곳엔 브람스가 이름표를 달고 커피를 팔고 있었다.
그의 음악만 고전인줄 알았는데 찻집도 고전이다.
모던하지 않으면 어떤가.
우리도 모던하지 않는데.
우리는 옛 이야기에 새 이야기를 섞어 마셨다.

128. 금빛 내일을 기다리며

며칠 온도가 영하로 내려가 올라올 줄 모르더니
오늘은 미안한 듯 영상으로 올라갔다.
나도 빛과 악수를 했다.
웃옷을 벗자 해는 덩달아 춤을 췄다.
그것이 잠시의 유혹이었던 것을 안 것은
감기에 걸린 후였다.
녀석은 정열적으로 내 후각을 태우더니
목구멍까지 내려가 감각을 무디게 만들었다.
점점 감기의 포로가 되어 가는 모습에 내가 놀란다.
된 통 걸린 모양이네.
그래도 네게 질 내가 아니지.
숨겨둔 약봉지를 털어 넣으며
피터지게 상처 날 너를 기대한다.
하나로 안 되면 연이어 폭격을 할 것이다.
그로 인해 몸이 조금 나른해지겠지만
그것은 정상을 회복하기 위한 작전이니
기꺼이 참을 것이다.
금빛 내일을 기다리며

129. 하늘이 지금 이곳저곳에 불을 내려

오늘따라 한껏 차려입은 고집이 교차로에서
신호등을 물끄러미 보고 있다.
차들이 연이어 지나가도 미동도 하지 않는다.
밤새 뒤척였는데 할 말이 왜 없을까만
군말 없이 다음 신호를 기다린다.
그렇게 거부하고 싫어하는 것 많던 네가
신호등 지시엔 어찌 그리 순할까 싶다.
이것마저 지켜지지 않으면
무질서가 난리를 피겠지.
이따금 정신과 상관없이 치근대던 것들도
정신 바짝 든 언어를 입에 올리는 것 보면
나름대로 작동하는 것 아니겠나.
그렇다면 이처럼 좋은 일이 어디 있을까.
하늘이 지금 이곳저곳에 불을 내려
세상을 움직이고 있음에 틀림없다.
파랗게, 빨갛게, 때론 노랗게

130. 뼈다귀는 그만 손을 들고 말았다

아무리 드세다 해도
몇 시간 곰국에 우리면 나긋나긋해지겠지.
꼿꼿한 자세로 통통하게 비웃어도
척추 녹아내린 배춧잎처럼 만드는 것쯤이야
식은 죽 먹기 아닌가.
이젠 질길 게 하나 없는 것들을 모아놓고
들깨와 양파 조금 넣고 맛들이면 입맛에 딱 맞지.
그것도 비좁은 골목길 한 구석에서 너를 만나다니
보석이 따로 없다.
일찍 자리를 차지한 무리는 기쁨이 가득하다.
나만 그 맛을 알았나 싶었는데 그게 아니다.
이미 만석이다.
지나가던 구름조차 자리 하나 없나 기웃거리지만
이미 늦었다.
다들 먹고 뜯느라 바쁜데 침은 구경꾼들이 흘린다.
뼈다귀는 그만 손을 들고 말았다.
그러게 내가 뭐랬어.
고집은 그만 내려놓으라 하지 않았나.

131. 그 빈자리에 우리는 무슨 말을 남겨야 할까

사람은 이름값을 하려 하지. 그럼 누가 지어준 건대.
그래서 이름이 중요한 거야.
헌데 그는 깊은 추억까지 남기고 갔다.
가끔 지우기 어려운 기억이 우리를 맞곤 하지.
아주 작은 속삭임으로.
길섶에서도 그는 조용히 앉아 있다. 그림처럼.
떠난 세월이 얼마인데
그는 어이 그리 우리 가까이 있을 수 있을까.
잡으려 해도 딱히 잡히는 것 없지만
조각난 기억들이 우리 가슴에 통으로 남아있다.
그가 떠난 뒤 그를 애써 추념해본 적 없지만
우리를 다독이는 그의 손길은 아직도 생생하고
그가 남긴 쪽빛 언어는 오늘도 우릴 떠나지 않고 있다.
언젠가 우리도 그가 건넌 강을 건너겠지. 하지만
오늘도 그가 불쑥 찾아올까 싶어 뒤돌아본다.
그래도 우리에게 하고 싶은 말은 있을 것 아닌가.
삶은 그렇게 자리를 비우고 바람은 길을 쓸며 간다.
그 빈자리에 우리는 무슨 말을 남겨야 할까.

132. 자락 길을 오르며

자락 길을 걷는다.
계단은 건반처럼 누어있고
바위는 늘 짙은 외투를 걸치고 앉아 있다.
어릴 땐 마구 뛰어오르기만 했지.
누가 빨리 오를 수 있는가.
그 철없던 세월이 지난 후
내 걸음은 한층 겸손해졌다.
이리 돌아보고, 저리 돌아본다. 바람도 잡아보고.
인사성 좋은 꽃은 반갑다 웃고
성깔 짙은 가시는 토라진 듯 말이 없다.
그래도 앞걸음이 뒷걸음에게 말을 한다.
우리 주인 힘들지 않게 하자. 안전하게 모시자.
귀여운 것들.
오를수록 가까이 있던 계곡은
점점 멀어지고 깊어진다. 심심산곡이 따로 있나.
높이 올라왔구나 싶은데 걱정이 일어선다.
누군가 말했지.
내려갈 때 조심해야 한다고.

133. 이젠 잃어버린 것을 찾아 나서야겠다

그가 말을 해야 한다면
먼저 바짝 타버린 가슴을 보여 주려할 것이다.
진한 그리움은 되레 말을 하지 않는 법.
그 대신 시인은 절제된 언어를 토해내고
가인은 격정을 담은 노래로 가슴을 친다.
결국 우리 모두 그리움의 대사들이 되었다.
하지만 정작 그리운 것은 이 땅에서 몽땅 사라졌다.
사슴들이 생명나무에 몰려와 잎과 열매를 먹는네
다른 쪽에서는 사자가 쫓아와 사슴의 목을 문다.
세계수 곁에는 늘 삶과 죽음의 경계선이 쳐있다.
아담의 입가엔 사망나무의 열매를 먹은 자국이 짙다.
핏빛으로 물든 자리엔 거짓과 죽음이 자리하고 있다.
그것이 우리의 그리움이 될 순 없지.
이젠 잃어버린 것을 찾아 나서야겠다.
생수의 강을 만나 생명나무와 그 열매를 찾아야지.
평화와 안식을 만나 그것의 위대함을 보여줘야지.
아직 소식은 없다.
새 땅을 찾아 나섰다는 것 외에는.

134. 밝아온다, 아름답고 순수한 아침이

새벽은 모두에게 선물로 주어지지만
정작 그것을 선물로 받는 사람은 많지 않다.
그는 우리가 의식하지 못한 사이에
우리 곁을 스치고 지나간다.
그는 누구를 탓하지 않으며
순 하디 순한 미소와 함께 꽃처럼 피어난다.
새벽이 하늘에 빛살 퍼레이드를 벌리자
갑자기 관심의 줄이 팽팽해지며
모든 시선이 그곳에 집중된다.
화려함보다 순수함이 더 빛난다.
결코 지나칠 수 없는 순간
우리는 그의 이름을 부르며 노래한다.
생각이 파도처럼 이리 밀고 저리 밀리는데
갑자기 빛들이 우리 안으로 쏟아져 들어온다.
밝아온다, 아름답고 순수한 아침이
어둠을 박차며
내 안에서

135. 죽령에 선 이유를 묻는다면

죽령에 서니 지나온 세월이 길게 누워있다.
모두 한 순간이라더니 인생길이 그런가 싶다.
떠나온 곳은 아무 말이 없고
살아있는 것들의 호흡만 거칠게 인다.
우리는 지금 그 가운데 있다.
헌데 누가 먼저랄 것까지는 없지.
서로가 서로의 손을 잡게 된 것은.
삶의 경계가 모호해질수록
함께 해야 할 것들이 많아지기에.
그렇지 않으면 우리 모두 폭우에 쓰러질 것이다.
세상은 녹록하지 않다.
기후도 더 이상 우리를 봐주지 않는다.
오늘 이 땅에 희망의 탑을 세우지 않으면
내일을 말할 시간은 줄어들 것이다.
죽령에 선 이유를 묻는다면 말해주게.
내일을 위해서라고.

136. 꿈꾸는 세상이 빨리 올 수 있다면

작은 것은 홀로 서기 어렵다.
큰 것에 눌리기도 하고
중치의 등살이 무섭기도 하다.
순히 살기로만 했다면 어찌 인생이라 할까
생명을 지키기 위해 피를 흘렸다면
보람 없다 하지 않을 것이다.
오늘은 한 숨 길게 터
한 걸음 더 높이 뛰어오른다.
작은 것의 순간 동작에 다들 놀라겠지.
무슨 일이람.
물론 그들의 동정을 기대하지는 않겠다.
그들 속에 남을 이해하려는 마음이 존재한다면
울음을 참고 밤새우는 일은 없었을 것이다.
그래도 억눌린 생각에 날개를 단 것으로 족하다.
꿈꾸는 세상이 빨리 올 수 있다면
함께 평화를 그릴 것이다.
서로를 다독이며

137. 이월과 삼월 사이에서

삼월이 되었으니
나물에 봄 비벼 드실 때가 왔구려.
생명의 단 내음이 이런 것 아니겠소.
꿈틀대는 모습이 보이면
땅을 뒤집고 일어설 순간이 온다는 신호이니
기대를 잔뜩 갖고 지켜보리다.
이따금 시샘 꾸러기들이
차가운 웃음을 거두지 않겠지만
마음의 여유자금은 충분히 마련해놓았으니
염려 놓으시게.
삼월에게 이쯤 인사 해 두었으니
이 길로 쭉 가면 될 것이외다.
혹시 왜 왔느냐 묻거들랑
대답해주시게나.
자네들 아니면 누구를 보러왔겠나.
이월이 그 말 엿듣고
눈물 흘리거들랑 말해주소.
그간 참 고마웠다고.

138. 삶이 아름다운 것이라면

바람 따라 마른 잎과 가지들이 쓸려 다닌다.
그렇게 가벼워졌단 말인가.
하고 싶은 말 하나 남기지 못하고
땅에 굴러 떨어진지 얼마 되었다고
이리 냉대가 심한가.
세월 탓할 일은 아니지만
삶과 죽음의 차이가 그리 냉정하니
서럽기 그지없소.
마른 잎의 울음에 그만 두 손 모아
그의 시신을 거두었다.
눈으로는 그의 마지막을 보며
입으로는 그의 이름을 불러본다.
이것으로 그를 흡족히 배웅하지 못한다 해도
깊은 설음 다독일 수 있어 좋다.
삶이 아름다운 것이라면
죽음도 아름다워야 하지 않을까.
얘야, 훨훨 날거라.
세상 것 모두 잊고

139. 그럼에도 불구하고 저희는

주님, 세상 참 어지럽습니다.
선 자리마다 비집고 들어오는 거짓을
차마 견딜 수 없어
신음하는 곳들이 많습니다.
해가 바뀌었음에도 폭력은 그칠 줄 모르고
어디로 가야 할지 그 막막함에
주저앉은 아낙들이 늘어갑니다.
아이들은 어미의 눈만 바라보며
배고픔을 참아냅니다.
주님, 어디에서부터 잘못된 것일까요.
무엇을 해야 세상이 바로 설까요.
정치는 썩고 구부러져 쓸모가 없습니다.
그래도 그것만 잘 쓰면 될 것이라 생각했는데
허망한 지고, 허망한 지고.
사람들은 기대를 접습니다.
그럼에도 불구하고 저희는 주님을 믿습니다.
주님만이 산성이요 피할 바위이기 때문입니다.
주의 얼굴을 우리에게 향하시옵소서
우리를 살리시옵소서.

140. 사랑은 참 바보입니다

1초가 짧다면 1만초를 드리겠습니다.
두 손으로 안 된다면 열 손을 모아 드리겠습니다.
거절을 당하셨다면 길을 안내해 드리겠습니다.
걷기 힘들다면 우리 손을 잡으십시오.
진정시킬 수 없다면 친구가 되어드리겠습니다.
여유가 없다면 마음까지 빌려드리겠습니다.
세상이 아무리 모질다 해도 우리가 있습니다.
부유하기 때문이 아닙니다.
오직 당신을 위함 때문입니다.
주고 또 주고 싶은 건 무엇 때문일까요.
사랑은 참 바보입니다.
그래도 괜찮습니다.
우리의 눈은 당신을 향해 있고
우리의 마음은 당신 곁에 있습니다.
당신의 주머니가 점점 비어갈 때
우리는 기꺼이 내어드립니다.
방금 쪄낸 것으로

141. 빛으로 사랑으로

문을 엽니다.
하늘이 열리고 빛이 열 가닥으로 쏟아집니다.
어둠이 순식간에 도망칩니다.
그가 우리를 찾아오다니, 정말 놀랍습니다.
그뿐 아닙니다.
그가 우리를 와락 감쌉니다.
갑자기 눈물이 나네요.
도저히 감당할 수 없는 깊은 사랑에.
눈을 들어 그를 보는 순간
기쁨이 우리 안에서 펄펄 살아 움직입니다.
생명이 맥박처럼 뜁니다.
빛으로 사랑으로
이 고요한 아침에

142. 사람들은 오늘도 이름을 짓습니다

마른하늘에 천둥칩니다.
사람들은 놀라 '신의 목소리' 라 했습니다.
그래서 '우레' (thunder)가 되었습니다.
지금도 천둥치면 기가 죽습니다.
꿀꺽 삼킨 것이 문제가 되었습니다.
사람들이 그를 '벨라' (Bela)라 했습니다.
무엇을 그리 삼켰을까요. 그것이 궁금합니다.
"하나님, 강하게 해주세요." 기도하던 아버지는
'에스겔' (Ezekiel)이란 이름을 주었습니다.
그도 늘 기도했지요.
"하나님, 이 민족을 살려주세요. 강하게 해주세요."
우리에게도 이런 기도가 필요합니다.
하나님은 약속하셨지요. "내가 너희와 함께 하리라."
주님은 이 땅에 '임마누엘' (Immanuel)로 오셨습니다.
우리는 언제나 임마누엘이 필요합니다.
사람들은 오늘도 이름을 짓습니다. 아니, 찾습니다.
그 속엔 소원이 담겨있습니다.
간절할수록 진합니다. 그리고 오래갑니다.

143. 순간 기억이 작동을 한다

잘 차려입은 우연이 정색을 하며 인사를 한다.
네가 날 알 턱이 있나 싶은데
상냥함이 그칠 줄 모른다.
'참 예의 바른 녀석이네.'
혹시 내가 모르는 것 있나 싶어
기억의 필름을 자꾸 돌려보는데
도저히 찾을 수 없다.
요리조리 끼어 봐도 맞는 구석이 없다.
질세라 나도 최고의 예의를 갖춰
칭찬의 말을 건넸다.
그는 더 강한 예의로 나를 시험한다.
완전히 코너에 몰린 나는
적당한 선에서 항복을 할까 하는데
그는 옛날 얘기를 꺼내며 감사를 표한다.
순간 기억이 작동을 한다.
그의 말에 완전 동의하고 두 손을 꼭 잡는다.
"그렇군요. 몰라 볼 번했습니다. 그려."
기억에게도 선물을 줘야겠다.

144. 그러니 다 잊고 가시게

다 잊고 가시게.
긴긴 설음일랑 놓고 가시게.
뒤 돌아보면 걸음 더딜 것이니
아예 눈 질끈 감고 어서 가시게.
폭발하던 기개도 옷장에 그냥 걸어놓고
마음 편히 가시게.
살아생전 그리 아끼던 것도 이젠 놓으시게.
그것은 이 생에 속한 것
그 나라에서는 다 털어내야 할 것이네.
그곳에서 새 이름, 새 주소를 받을 것이니
그것으로 다시 시작하게나.
이곳에 대한 관심도 아예 끊으시게.
이곳은 이 땅의 사람에게 맡기고
그 나라 일을 시작하게나.
내 그곳에 닿는 날
자네가 세운 의의 깃발을 보며
웃을 것일세.
그러니 다 잊고 가시게. 다

145. 그런 저를 더 붙잡고 다독이시니

주님, 이 손이 보이시나요.
주님을 굳게 잡은 손입니다.
놓치면 큰일 날 것 같아
어린아이처럼 붙잡습니다.
이젠 이 손도 늙어가고 있습니다.
그런데 생각은 좀처럼 늙지 않네요.
오늘도 주님을 붙잡으며 말합니다.
"주님 없으면 안 돼요. 주님 놓치면 죽어요."
주님, 저는 아직도 어린애 같습니다.
그런 저를 더 붙잡고 다독이시니
몸 둘 바를 모르겠습니다.
그럼에도 세상은 하나님이 보이지 않는데
무슨 말을 하는 것이냐 비웃습니다.
그 말을 들을수록 화가 납니다.
이렇게 주님이 가까이 계시는데.
이렇게 내 손을 잡아 주시는데.
주님, 세상이 아무리 그래도 화내지 마셔요.
그들도 내 친구니까요.

146. 시는 오늘도 가슴에서 뛰고

시에 종착역이 있을까
시와 더불어 걸어온 시간이 긴데
시는 오늘도 내릴 줄 모른다.
시는 달리고 있고
나는 그 가쁜 숨소리를 듣는다.
시는 우리 가슴에서 뛰고
머리는 그것을 재빨리 낚아챈다.
생성AI도 시를 짓는다지만
어찌 그 속에 따뜻한 가슴이 있을까.
시는 달리다가 쉬기도 하고
나에게 묻기도 한다.
때론 바쁘다는 핑계로
무정하게 돌아선 적도 있지만
그는 나의 팔꿈치를 잡으며 동정을 살핀다.
그래 가는 데까지 가자.
힘들면 냇가에서 멱도 감고
아지매 가게에서 국밥도 먹자.
죽을 때까지 손잡고 가자.